小小科学馆 知识天天看

小足迹 大中国

策划：光玉
主编：郭漫

航空工业出版社
北京

内 容 提 要

我国幅员辽阔，鬼斧神工的地理奇观，雄、壮、险、奇的天然美景，正是沧海桑田、地质变迁的见证。从高山到峡谷，从森林到沙漠，从河流湖泊到瀑布泉池……复杂多样的地理景观构成了一幅色彩斑斓、内容繁复的壮丽画卷，勾勒出涤荡心魂的中华大地最完美的曲线。

本书是地理知识的大汇集，是视觉审美的豪门盛宴，浓缩中华锦绣江山之精华，使您在快速纵览华夏山川、了解丰富地理知识的同时，获得更为广阔的文化视野和审美感受。

图书在版编目(CIP)数据

小足迹大中国/郭漫主编. --北京：航空工业出版社，2012.9（2020.7重印）
(小小科学馆)
ISBN 978-7-5165-0035-4

Ⅰ.①小… Ⅱ.①郭… Ⅲ.①地理—中国—儿童读物
Ⅳ.①K92-49

中国版本图书馆CIP数据核字(2012)第146228号

小足迹大中国
Xiaozuji Dazhongguo

航空工业出版社出版发行
(北京市朝阳区北苑2号院 100012)
发行部电话：010-84936597 010-84936343

北京一鑫印务有限责任公司印制 全国各地新华书店经售
2012年9月第1版 2020年7月第3次印刷
开本：700×1000 1/16 印张：8 字数：240千字
印数：25001-30000 定价：16.80元

前言

地理环境是人类赖以生存和发展的空间，是人类活动的舞台。

我国幅员辽阔，鬼斧神工的地理奇观，雄、壮、险、奇的天然美景，正是沧海桑田、地质变迁的见证。从高山到峡谷，从森林到沙漠，从河流湖泊到瀑布泉池……复杂多样的地理景观构成了一幅色彩斑斓、内容繁复的壮丽画卷，勾勒出涤荡心魂的中华大地最完美的曲线。

我国自古以天地为大美，天地者，自然也，把自然呈现在人们面前，领略山川之雄壮秀美，一定会让生活在钢筋混凝土浇铸而成的建筑里的都市人们震撼于大自然的神奇力量和无穷魅力。

仁者乐山，智者乐水。山兀立不语，但胸怀天下；水川流不息，但泽被四方。山水相间，仁智相连，令人不胜神往。

人类起源于自然，生存于自然，发展于自然，人和自然的关系是人类一切社会关系的基础。而人类在与自然相处这个问题上，并未表现出应有的明智。人类以为科学技术可以凌驾于自然之上，人类可以征服自然、主宰自然，结果是，物质文明的“大厅”确实更加富丽堂皇，但自然界却日益萎缩，生态环境恶化、生物多样性锐减……这些负面效应不断累积扩大，给我们赖以生存的这片土地带来无限痛楚，使今天人类的生存和发展受到威胁。人和自然必须建立起协调的关系，融为和谐的一体，由此缔造的文明之光才将是自开天辟地以来自然界最瑰丽的景色。

本书是地理知识的大汇集，是视觉审美的豪门盛宴，浓缩中华锦绣江山之精华，使您在快速纵览华夏山川，了解丰富地理知识的同时，获得更为广阔的文化视野和审美感受。

编　者

目录

第1章 中华名山

第2章 高原盆地

第3章 峡谷瀑布

第4章 平原丘陵

第5章 湿地岛屿

第6章 江河湖泊

第7章 绿海黄沙

第8章 自然保护区

1 中华名山

山脉是大地的脊梁，大自然的鬼斧神工把它们雕琢得神奇绚丽，各具特色。

中国的名山首推五岳：泰山之雄伟、华山之险峻、衡山之烟云、恒山之奇绝、嵩山之萃秀，百态千姿，各具绝景。五岳之后当数“五岳归来不看山，黄山归来不看岳”的黄山和“匡庐奇秀甲天下”的庐山了，再有佛教名山“金五台、银普陀、铜峨眉、铁九华”，道教名山武当山、青城山、龙虎山、齐云山及众多的各具特色的华夏名山。

中国是一个多山的国家，而神话传说使名山也充满了灵性。历代名人留下的诗词歌赋则更增加了这些名山的文化底蕴，众多的山脉与古老的文明相互依托，相互映衬。

五岳独尊

泰 山

泰山位于中国北部，山东省中部，绵延起伏于长清、济南、泰安之间，为片麻岩构成的断块山地。

泰山主峰玉皇顶海拔 1545 米，气势雄伟磅礴，古称东岳，一称岱山、岱宗。

泰山地貌

泰山地貌分为冲洪积台地、剥蚀堆积丘陵、构造剥蚀低山和构造侵蚀中低山四大类型。在空间形象上，由低而高，形成层峦叠嶂、凌空高耸的巍峨之势，呈现多种地形群体组合的地貌景观。

泰山位于华北大平原的南北通道与黄河中下游的东西通道交叉枢纽之侧，这一独特的地理位置对泰山影响的扩大及其文化的弘扬起了极为重要的作用。

泰山地区的寒武纪片麻岩群是华北台地的基底，地层剖面出露齐全，化石丰富，保存完好。

泰山杂岩有 20 亿年的历史，是世界最古老的岩石之一，对研究中国东部太古界地层的划分、对比以及太古代的历史，均具有重要意义。

泰山西北麓的灰岩和砂页岩发育典型，已确定为我国寒武系中、上统的标准剖面，是古生物许多种属的命名地或模式标本原产地。

泰山植被

泰山有着极其丰富的生物资源，植被覆盖率高达 80%。从山麓拾级而上，可依次见到落叶林、阔叶针叶混交林、针叶林、高山灌木草丛，林带垂直界线分明，植被景观各异。泰山现有种子植物 144 科 989 种，其中木本植物 72 科 433 种，草本植物 72 科 556 种，药用植物 111 科 462 种。

泰山的古树名木，历史悠久，现有 34 个树种，计万余株。它们与泰山历史文化的发展紧密相连，是古老文明的象征。其中著名的有汉柏凌寒、挂印封侯、唐槐抱子、青檀千岁、六朝遗相、一品大夫、五大夫松、望人松、宋朝银杏、百年紫藤等，每一株都是历史的见证，都是珍贵的自然遗产。

泰山名人

泰山是一座圣山，在帝王封禅的同时，泰山也以它博大的胸怀陶冶着不同时代的人文精神。孔子“登泰山而小天下”的名言，充分反映了2000多年前中国圣贤们“以天下兴亡为己任”，实现自己理想的崇高精神追求。泰山与孔子活动有关的景点有孔子登临处坊、望吴圣迹坊、孔子小天下处、孔子庙、瞻鲁台等。

泰山是世界闻名的风景名胜，孕育着我国的文化与思想内涵。历代文人骚客在这里留下了诸多墨宝。

汉朝的司马迁和司马相如、晋朝的陆机、唐朝的李白和杜甫、宋朝的苏辙等文人雅士也纷至沓来。帝王名士所到之处，建庙塑像，刻石题字，为泰山留下了大量文物古迹。赞颂泰山的诗词歌赋亦多达1000余首，还有2500余处泰山刻石，泰山因此被誉为“中国摩崖刻石艺术博物馆”。

泰山南天门

南天门位于泰山十八盘的尽头，古称“天门关”。它建在飞龙岩与翔凤岭之间的低坳处，双峰夹峙。自下仰视，犹如天上宫阙。白地贴金、红墙点缀，黄色琉璃瓦盖顶，气势雄伟。当年李白登上南天门时曾作诗：“天门一长啸，万里清风来。”

岱庙是全国东岳庙的主庙，也是我国四大古建筑群之一。

奇险天下

华 山

坐落在陕西省华阴县境内的华山，平均海拔 1997 米，自古以来就以“险、拔、峻、秀”闻名天下。

华山有五峰，北峰云台峰、东峰朝阳峰、南峰落雁峰、西峰莲花峰、中峰玉女峰。其中以南峰最高，海拔 2160 米，五峰中又以东峰、西峰、南峰三峰较高，在 2000 米以上。

丰富的文化积淀

华山有丰富的历史文化积淀，人文景观比比皆是。自秦汉到明清，历代帝王曾多次亲临华山祭祀朝山。华山曾涌现出许多历史名人，如杨震、杨炯及隋朝皇帝杨坚、杨广。

华山东道院金天宫、镇岳宫、纯阳观等被列为全国重点道教宫观。华山还有许多脍炙人口、美丽动人的神话传说，如巨灵神、宝莲灯、吹箫引凤、博台赌山等，千古佳话，家喻户晓。

华山不但是我国著名的旅游胜地，而且是道教活动的主要场所之一。相传，道教的始祖老子曾到过这里，至今，南峰上还保存着老子的炼丹炉。

华山道教属于全真派，南峰长空栈道的岩壁上有“全真崖”三个大字。全真华山派的创始人是郝大通（公元 1140 年—公元 1212 年），为王重阳的七大弟子之一，著有《太古集》。从汉代以来，史书上就记载着不少有名的道士、隐士在华山居住。

在五岳之中，华山以险著称，登山之路蜿蜒曲折，长达 12 千米，到处都是悬崖绝壁，所以有“自古华山一条路”之说。

东峰峰顶有朝阳台，居高临险，视野开阔，是凌晨观日出的佳处。西峰的东西两侧状如莲花，故又名莲花峰，是华山最秀奇的山峰。

主峰南峰被古人称为“华山之首”。南峰由三座峰头组成，最高的一座居中，名落雁峰，意取大雁由此经过也难以翻越，需落脚歇息。落雁峰东为松桧峰，因松桧居多得名；落雁峰西为孝子峰，因神话传说《宝莲灯》中的沉香在此哭唤母亲而得名。

西峰为一块完整巨石，浑然天成。西北绝崖千丈，似刀削锯截，其陡峭巍峨、阳刚挺拔之势是华山山形之代表。西峰南崖有山脊与南峰相连，脊长 300 余米，石色苍黛，形态好像一条屈缩的巨龙，人称屈岭，也称小苍龙岭，是华山著名的险道之一。

三峰以下还有中峰（玉女）和北峰（云台）两峰。玉女峰相传曾有玉女乘白马入山间。云台峰峰顶平坦如云中之台，著名的“智取华山”的故事就发生在这里。

华山地貌

华山的山体就是一块巨大的花岗岩，华山地貌从总体来讲是一个花岗岩风景地貌。根据同位素的测试，花岗岩形成距今已约有 1.35 亿年了，现在还在以每年 5~6 毫米的速度不断地上升。

特色风景

特殊的气候和地理条件，使华山能够生长优质松树和贵重的药材。华山上的五粒松，松子形小而壳薄，有香气。

华山松是国家优质松树种之一。此外，华山生长的茯苓、细辛、菖蒲等药材，质量优、疗效好，历来为人们所称颂，并被列入《本草纲目》之中。

华山缺水，自然水源主要是岩石渗水和雨水，西峰二十八潭原来积水较多，故名“二十八潭”。西峰绝壁半腹处有个洞，过去每逢大雨过后，全峰之水顺着二十八潭飞流直下，形成瀑布。瀑水的中段恰如帘子一般，覆盖着洞口，又形成一个景观叫“水帘洞”。

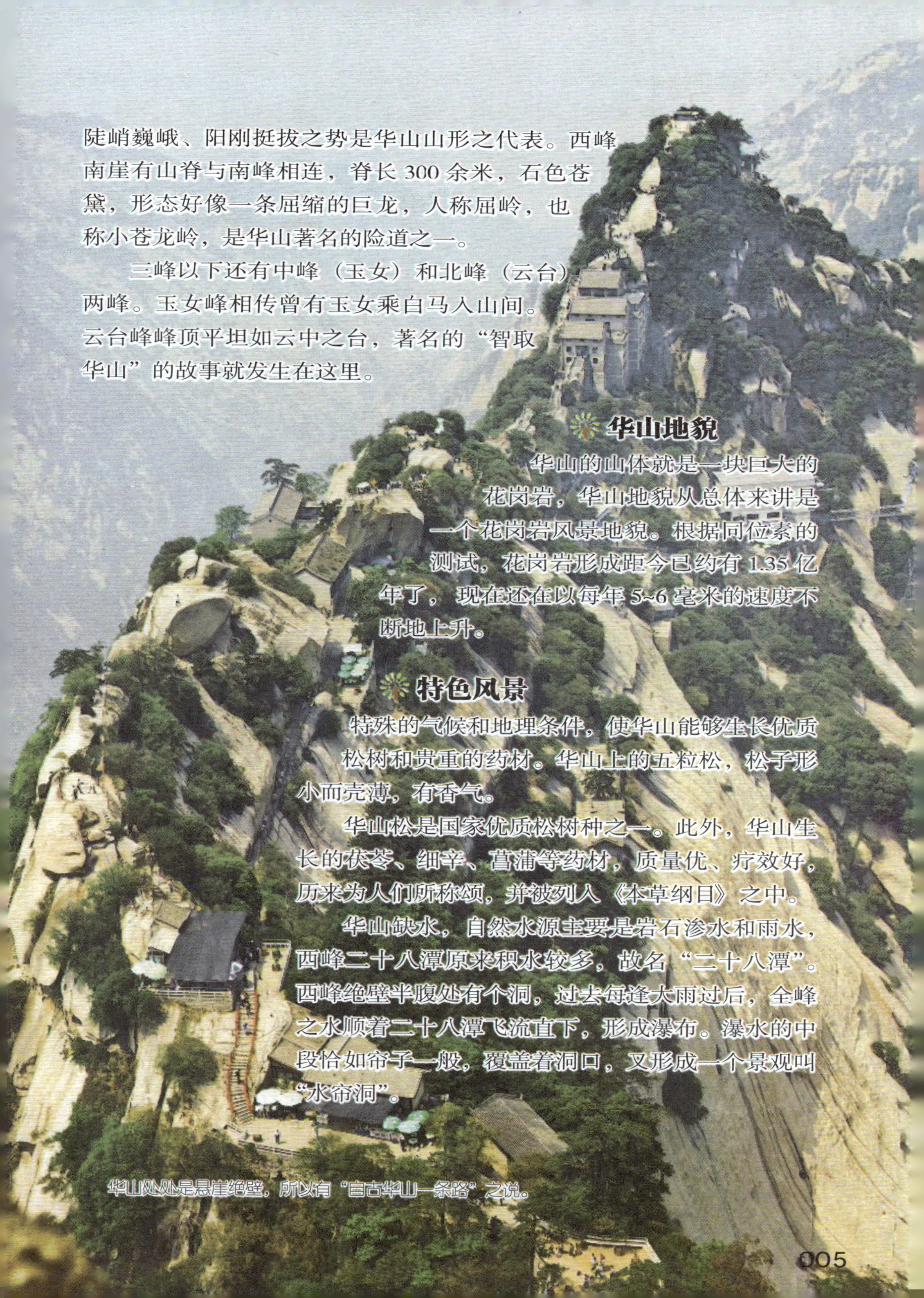

华山处处是悬崖绝壁，所以有“自古华山一条路”之说。

衡　山

方广寺周围山峦秀美，处境幽静深邃，游人到此必有一种“幽深”之感，故前人有“不至方广，不足以知其深”之说。

我们在恭祝亲友健康长寿时，常会说：福如东海，寿比南山。这里的南山即指衡山。衡山是中国五岳之一，位于湖南省衡阳市境内。群峰巍峨，气势磅礴，72 峰逶迤 400 千米，贯穿 7 个县市。自古以“五岳独秀风光好，历史悠久名气大，佛道并存影响广，中华寿岳众人仰”著称于世。

南岳独秀

南岳属于花岗岩侵蚀地貌，山体由巨大的花岗岩构成，巍峨峻峭，形状怪异。山上古木参天，自然景观和人文景观并举，历来是人们旅游、避暑的胜地。衡山 72 峰，南端是衡阳回雁峰，北端是长沙境内的岳麓山，衡山有 9 潭、9 井、9 池、10 洞、15 岩、25 溪、38 泉。祝融峰之高、藏经殿之秀、方广寺之深、水帘洞之奇并称“南岳四绝”，再加上试心石之险、大禹碑之古、磨镜台之幽、南岳庙之雄，为“衡山八绝”。

衡山气候条件优越，处处是茂林修竹，终年翠绿；奇花异草，四时放香，自然景色十分秀丽，可谓步步为景，处处如画。所以清代人魏源在《衡岳吟》中赞美衡山说：“恒山如行，岱（泰）山如坐，华山如立，嵩山如卧，惟有南岳独如飞。”

衡山山光水色相映生辉，森森古木、淙淙银泉，其美景实在醉人。

塞外第一山

恒山

北岳恒山为五岳名山之一，是海河支流桑干河与滹沱河的分水岭，位于山西省浑源县城南。恒山山雄地险，横贯塞上，西衔雁门关，东连太行山，南接五台诸峰，北控塞北盆地，呈东北—西南走向。山峰绵延，横跨 250 千米，号称有 108 峰。主峰分东西两峰，东为天峰岭（一般指主峰，代表恒山，海拔 2017 米），西为翠屏山，山高为五岳之冠，号称"人天北柱"。两峰对峙，耸入云天，两旁绝壁，刀削斧劈，天工开物终显造化之伟力，被誉为"塞外第一山"。

北岳之崇

秦始皇时，朝封天下 12 名山，恒山被推崇为天下第二山。历史上，秦始皇、汉武帝、唐太宗、宋太祖，都曾到恒山巡视、祭奠。以后的历代帝王，差不多也都派使臣到恒山朝圣。历代名人、学士，诸如李白、贾岛、元好问、徐霞客等也都游览过恒山胜地，并留下吟咏恒山的诗篇。

天下闻名的悬空寺

绝塞风光

恒山山脉数百里内海拔 2000 米以上的山峰比肩而立，这里千峰竞秀、层峦叠翠，崖壁峭立，奇洞藏娇，烟云缭绕，溪潼潺流，百鸟争鸣，古有十八景，今尚存朝殿、会仙府、九天宫、悬空寺等 10 多处建筑。悬根松、紫芝峪、苦甜井更是自然景观中的奇迹。苦甜井在恒山半山腰，两井相隔一米，水质却截然不同：一井水甜美清凉，被称为甜井，唐玄宗李隆基曾赐匾甜井为"龙泉观"；另一井水却苦涩难饮。另外，甜水井井深数尺，却似取之不尽，可供万人饮用。

峻极于天

嵩 山

嵩山雄伟险峻，气势磅礴，是中国五岳之一，被称为“中岳”。

它东西横卧，雄踞中原，海拔最低为 350 米。嵩山的主体分为太室山和少室山两部分，太室山位于东，少室山位于西。“会五岳之精粹，纳三山之灵气”。

太室山以峻极峰为最高，海拔 1492 米，古有“嵩高峻极”、“峻极于天”之说；少室山，海拔 1512 米，是整个嵩山山脉的最高峰。太室山有 5 山 36 峰，少室山有 9 山 36 峰，各有其山名和峰名。

天下第一名刹——少林寺

文明渊薮

在嵩山地区，道、佛、儒三教荟萃，直至今日，依然散发着迷人的魅力。

太室山下的中岳庙，始建于秦朝，是嵩山道家的象征；太室山南麓的嵩阳书院，是嵩山儒家的象征，是中国古代四大书院之一；少室山中以少林武术闻名于天下的少林寺，是嵩山释家的象征。

少林寺在北魏孝文帝的主持下，建成于公元 495 年，由于该寺地处少室山之阴的幽谷密林之中，故而得名。

公元 527 年，印度僧人达摩在此首创禅宗。同时，这里也是少林拳法的创始地，是中华武术的发源地之一。

嵩山被誉为我国历史发展的博物馆，拥有众多的历史遗迹，是中华民族文明的一大渊薮。

儒家文物遗迹，最重要的一处是嵩山北麓的偃师市佃庄镇的东汉太学遗址。太学，可以说是古代的“国立大学”，是传授儒家经典的最高学府。

登封的嵩阳书院，是北宋时期著名的四大书院之一。初建于北魏孝文帝太和八年（公元 484 年），名嵩阳寺，

少林寺塔林是自唐朝以来历代少林寺住持的墓地，1000 多年来，已建成 250 多座，是我国最大的塔林。塔的大小不等，形态各异，大多有雕刻和题记，反映了各个不同时期的建筑风格，是研究我国古代砖石建筑和雕刻艺术的宝库。

为佛教活动场所；隋改为嵩阳观，为道教活动场所；宋时改为嵩阳书院，宋代名儒范仲淹、司马光、程颢、程颐以及明清诸儒都曾在此讲学。

嵩山地区是中国夏、商、周三代的立国中心，是国家政治、经济和文化的中心，是中国踏入文明时代最早的地方。也曾是战国、秦汉、唐宋时期的政治中心。嵩山文化圈有着良好的生存环境，处于中华民族文化的核心区域，有着很强的辐射力和吸纳性，是中华文明的孵化器和发动机，因为它早在旧石器时代就已经显露出南北文化兼有的特征，也是中国新石器文化很发达的地区。这些都决定了嵩山独特的文化内涵。

洞天福地

据传说，上古时炎帝族从西北迁入黄河中游后，曾长期居住在嵩山附近的伊水、洛水流域，其中一支举伯益为部落首领，以崇拜山岳为特征，号称四岳。商周时，崇拜嵩山的有申、吕诸国，即四岳的后裔齐、吕、申、许四个姜姓国。据《史记·周本纪》和《逸周书·作雒篇》记载：周武王初灭商，曾计划建城邑于伊、洛，以近“天室”，定保天命。“天室”即古人认为能够沟通人与天神的嵩山太室。后来周公在嵩山附近建造了洛邑，作为周朝的统治中心。西周灭亡后，洛邑遂成为东周都城，嵩山如同关中终南山一样，成为了人们心目中的神山。

众山之神 →

天 山

托木尔峰是天山第一高峰。

横亘在新疆中部的天山山脉，峰峦重叠、气势磅礴，东西走向，分隔准噶尔、塔里木两大盆地，总长 2500 千米，是亚洲高大山系之一。托木尔峰海拔 7443 米，“托木尔”是“铁山”的意思，是天山最高峰。山脉的群峰海拔一般在 3000~5000 米之间，山顶常年白雪皑皑。高耸的山脉拦截南方吹来的水气，积聚在山峰，于是在 2900 米的雪线以上，形成冰川区，布满冰塔、冰崖、冰洞、冰墙等，是世界冰河最多最长的地区之一。

地质地貌

天山大部分属于雅丹地貌，后来有人又在天山山脉中发现了只有在南方才有的丹霞地貌特征。

天山山脉断层很多，许多山岭都是由断层作用上升所造成，如博格达山就是一个典型的地垒，在山脉中间夹着一连串的断块陷落盆地。

在地质构造和地貌上，天山可分为北、中、南三带。北天山紧靠准噶尔盆地，山峰海拔多在 4000~5500 米，如乌鲁木齐以东的博格达山海拔 5445 米，山中有著名的天池，为天山山地的胜境。

中天山是由一系列平行的山岭组成，中间夹着许多断陷盆地，山岭海拔一般不超过 3500 米。西部的伊犁谷地是天山最大的山间盆地之一。

南天山紧靠塔里木盆地，山势最高，不少山峰的海拔达 5000~6000 米，天山的最高峰托木尔峰就在这里。

1975 年 7 月 25 日，我国登山运动员首次登上峰顶。天山山脉向东延伸到甘肃省后，就和合黎山、龙首山等河西走廊北侧的山地连接起来，但这些山岭都是时断时续，山势也较低。

春天，天山脚下花草遍布。

丰富的自然资源

天山分布着 6890 多条大小冰川，是天然的固体水库。天山的融冰化雪汇集成 200 多条河流，滋润和灌溉着天山南北的广阔绿洲。

天山土地肥沃，水草丰茂，是优良的山区天然草场。天山的矿藏资源丰富，铜、铅、锌、锑、汞、银、锡、钨等矿藏丰富。

天山天池风景区以高山湖泊为中心，雪峰倒映，云杉环拥，碧水似镜，风光如画。湖水由高山溶雪汇集而成，水深近百米，清冽怡人。

盛夏季节，湖周绿草如茵，繁花似锦，湖水的温度也不高，乘游艇在湖面上行驶，凉风袭来，暑气全消，是避暑的好地方。

天池背靠博格达峰，山峰终年积雪。站在天池边上，眺望皑皑雪峰，别有一番风味。

天池四周的山腰上，有许多云杉林。云杉形如宝塔，挺拔、整齐，气势非凡，显示出一种高山风景区特有的景色。清澈湖水、皑皑雪峰和葱茏挺拔的云杉林，构成了天池的迷人景色。

最年轻的山脉

喜马拉雅山

喜马拉雅山的主脊海拔平均在 7000 米以上，它拥有 8000 米以上高峰 14 座，7000 米以上高峰 40 多座。其中，位于中尼边境的珠穆朗玛峰为世界第一高峰，素有“地球第三极”之称。

喜马拉雅山是世界上最雄伟高大的山系，由数条大致平行的支脉组成。分布在中国西藏自治区和巴基斯坦、印度、尼泊尔、不丹境内。东西长约 2450 千米，南北宽约 200~350 千米，呈向南凸出的弧形，是构造复杂的年轻褶皱山脉。

雪山寻幽

“珠穆朗玛”是“雪山女神”的意思，美丽绝伦却难以攀登，但正是如此，才吸引了全世界的登山勇士们前往挑战这一人类的极限。

人类攀登珠穆朗玛峰的活动开始于 1921 年，并且在之后 20 多年间先后九次登山，但均未成功。第十次，1953 年 5 月 29 日人类终于登上了地球最高点。

冰川融化

有“地球第三极”之称的喜马拉雅山冰川正在融化，其速度超过了过去 300 年的 10 倍，黄河源头的巨大冰川最近 30 年中缩小了 17%。冰川融化的结果是，冰雪融化额外释放出的温室气体进入大气层将再次加速地球变暖的进程，导致青藏高原上永冻土层融化。

岩壁上的敦煌 →

阿尔泰山

阿尔泰山总长近2000千米，位于新疆最北部，是中国与蒙古、俄罗斯、哈萨克斯坦的界山。位于中俄边境的友谊峰，海拔4374米，为阿尔泰山的最高峰。

阿尔泰山，蒙古语的意思是“金山”。有谚语称“阿尔泰山72条沟，沟沟有黄金”，历史记载阿尔泰山曾挖出一块重达240两的“狗头金”，足以证明该山黄金矿藏的丰富。

自然美景

阿尔泰山形成于2亿年前的古苏格兰—海西时期（这一时期该处的地壳处在剧烈的变动之中，极不稳定）。阿尔泰山第四纪冰川地貌保存完好，喀纳斯湖是阿尔泰的象征，冰川面积和总量都占阿尔泰山的70%以上。

湖周围层峦叠嶂，烟云缭绕，湖光山色美不胜收。冬季，这里冰封雪飘，银装素裹，是冰上运动和滑雪运动的极佳场所；春夏，两岸森林青翠，繁花似锦；秋天，放眼望去，到处都是热烈而明朗的金黄色，平滑如镜的湖面把岸上的秋林和雪山丝毫不差地映现出来，犹如一幅妙手丹青的杰作。

白雪皑皑、连绵千里的阿尔泰山

气候特征

整个地区属大陆性气候，夏季温暖多雨；冬季严寒，山谷中少雪而高山地带大雪纷飞。这里的年平均温度为 0℃，其中 7 月份高山雪线以下的地区平均温度为 15~17℃，冬季最低温达到 –62℃，年均降水量在 500~700 毫米之间。

在天空翱翔的隼

动植物资源丰富

阿尔泰山的动物大部分是西伯利亚森林的代表物种，其中包括 60 种哺乳动物、300 种鸟、11 种爬行动物和两栖动物，河流湖泊中还生存有 20 多种鱼。

西伯利亚无树大草原中典型的哺乳动物有阿尔泰山鼠兔、北极松鼠和西伯利亚花栗鼠；森林中有数不尽的紫貂和红鹿，而驯鹿则主要生活在较高的山上。该地区有 13 种鸟和 4 种哺乳动物，包括金鹰、天鹰、隼、雪豹、蒙古瞪羚、阿尔泰山盘羊等。

美丽的大角盘羊

植物种类的丰富繁茂以及特有的分布归因于该地不同的气候条件和几乎与世隔绝的地理环境。

阿尔泰山海拔高度在 109~4506 米之间，森林线大体处在 1800~1900 米的高度，其占地面积为 16000 多平方千米，其中有 10000 多平方千米属特级保护区。阿尔泰山的植物种类达 2000 余种，其中有 17 种属濒危物种，212 种为该地所特有，而最引人注目的是桤木，它只生长在东阿尔泰地区。该地的森林树种主要以西伯利亚冷杉、落叶松和白杨为主。

牧区江南 ➔

祁连山

祁连山位于甘肃、青海两省交界处的甘肃一侧，山体高大，景色宜人，素有“牧区江南”之称，最高峰——素珠琏峰海拔 5564 米，最低点海拔 1800 米。

天然“高山水库”

祁连山山脉东起乌峭岭，西止当金山口。甘肃省的高山、极高山几乎全部集中于此，山地高度多为 4000~4500 米。祁连山地由七条大致平行的山岭和山间盆地组成，呈西北—东南走向。主要山岭有：走廊南山、冷龙岭、陶勒山、野马山、大雪山、陶勒南山、疏勒南山、赛什腾山等。

祁连山许多山峰终年积雪，发育着现代冰川，总面积近 2000 平方千米，是河西走廊农耕区的天然“高山水库”，也是内陆河的源泉。

生物多样性

祁连山森林植被被称为河西走廊水利的命脉。这里是我国干旱地区物种资源集中分布的地区之一，维管束植物有 1044 种，其中国家重点保护植物有裸果木、星中草、延龄草等 10 多种；陆生脊椎动物有 229 种，其中国家重点保护动物有雪豹、藏野驴、白唇鹿、野牦牛等 39 种。

祁连山林区地质地貌、气象、土壤、植被、水文复杂，生态环境多样，分布有高等植物 1044 种，隶属 84 科 399 属，是中国西北地区的物种库和遗传基因库。

独特的祁连山地貌。祁连山于 1988 年被评为国家级自然保护区，主要保护对象为水源涵养林及珍稀动物。

云南第一山

梅里雪山

梅里雪山被喻为“世界上最美的山峰”，当地藏民视之为“神山”。它处于世界闻名的金沙江、澜沧江、怒江“三江并流”地区，是一座北南走向的庞大雪山群体。北段称梅里雪山，中段称太子雪山，南段称碧罗雪山。海拔在6000米以上的雪山有6座。其中最为险峻奇秀的有13座，俗称“太子十三峰”。

梅里雪山“太子十三峰”连绵不绝，纵贯全境，主峰卡瓦格博峰迄今仍是无人登临的“处女峰”，为云南第一峰，海拔6740米。

明永冰川

梅里雪山共有明永、斯农、纽巴和浓松四条大冰川，属世界稀有的低纬、低温、低海拔的现代冰川，其中最长最大的冰川是明永冰川。

明永冰川从海拔6740米的梅里雪山往下呈弧形一直铺展到2600米的原始森林地带，绵延11.7千米，平均宽度500米，面积为13平方千米，年融水量2.32亿立方米。每当骄阳当空，雪山温度上升，冰川受热融化，成百上千个巨大的冰体轰然崩塌下移，响声如雷，地震山摇，令人感到惊心动魄。

最后的净土

独特的低纬度冰川雪山、错综复杂的高原地形、四季不分而干湿明显的高原季风气候，使梅里雪山成为野生动物的天堂。

这里有国家一级保护动物金钱豹、云豹、羚牛，有二级保护动物黑熊、小熊猫、猞狸、黑麝、大灵猫、小灵猫，还有珍稀的白尾稍虹雉和雉鹑，以及凤头鹰、红隼、血雉等113种可爱的鸟类。美国《国家地理》杂志将其列为世界上5块“最后的净土”之一。

天然高山生物园

玉龙雪山

玉龙雪山位于云南省丽江地区，在丽江古城北 15 千米，山北麓直抵金沙江，为云岭山脉中最高的一处山地。玉龙雪山是世界上北半球纬度最低的一座有现代冰川分布的极高山，它是北半球距赤道最近的雪山。

它由 13 个雪峰组成，峰顶终年积雪不化，似擎天玉柱，由北向南呈纵向排列，绵延近 50 千米，东西宽约 13 千米。主峰扇子陡，海拔 5596 米，是世界上北半球纬度最低、海拔最高的山峰。

玉龙雪山脚下的黑龙潭

玉龙雪峰的神话

关于玉龙雪峰，纳西族民间流传着一个神奇的故事：

玉龙和哈巴是一对孪生兄弟，他们自幼失去父母，相依为命，辛勤耕作，并在空闲时间到金沙江淘金，以此糊口度日。

一天，突然来了一个凶恶的魔王，他霸占了金沙江，并扬言不准任何人在江边淘金。玉龙、哈巴兄弟听说后，非常气愤，便找魔王决斗。他们与魔王激战了三天三夜，弟弟哈巴最终因体力不支，不幸被恶魔砍断了头。哥哥玉龙见状，伤心到了极点，决心为弟弟报仇。

哥哥不顾一切，把自己身背的 13 把宝剑都砍钝了，最后终于把恶魔赶走了。为了防止恶魔再次侵扰，他将 13 把宝剑插在金沙江边，这就成了 13 座终年积雪的玉龙雪峰。

天然冰川地质博物馆

玉龙雪山在地质历史上曾有近 4 亿年的时间为海洋环境，直到 1 亿多年前的中生代三叠纪晚期形成内陆湖。冰期时，巨大的冰川从玉龙雪山上远远地伸向山麓和山谷，到燕山运动和喜马拉雅运动时期才开始隆起，这种上升运动至今仍在继续。

地层主要以泥盆系和石炭系石灰岩为主体，厚度约 3000 米。这里有许多古冰川、冰馈垄和冰蚀湖等遗迹。如紧靠山麓东侧的丽江坝，就是形成于上新世的断陷盆地，其中低洼部分曾积水成湖，后因漾弓河切穿湖盆，致使“海子”干涸，现干海子一带堪称天然冰川地质博物馆，并已成为绿茵遍野的天然牧场。

天然高山动植物园

生长在玉龙雪山的云豹

玉龙雪山有“天然高山动植物园”之称。从山脚河谷到峰顶具有中亚热带、温带至寒带的垂直带自然景观。尤其是东坡地势相对平缓，植物带状分布特别明显。在玉龙雪山 20 个原始森林群落中，有丽江铁杉、长苞冷杉、云南榧木、红豆杉等 20 余种国家重点保护的珍稀濒危植物。有种子植物 145 科 3200 余种，其中以丽江和玉龙山命名的植物 139 种，是我国植物模式标本的集中产地。

山中有滇金丝猴、云豹、藏马鸡等近六十种珍稀动物，尤为值得称道的是其中蝴蝶种类珍奇繁多，既有古北区和东洋区的蝴蝶资源，也有高山珍奇蝶类，是开展生态系统研究的理想之地。

东方的阿尔卑斯

四姑娘山

四姑娘山位于四川省阿坝藏族羌族自治州小金县境内，由横断山脉中四座毗连的山峰组成。主峰幺妹峰海拔 6000 多米，是邛崃山脉中最雄奇的山峰。

高原山地风光

四姑娘山地处川西高原向东急速过渡到成都平原的交接带。自中生代以来，以三叠纪的印支运动为主，经历了多次构造变动，造成了四姑娘山高差悬殊的复杂地形特征。

景区内山势陡峭、苍劲粗犷，山沟内奇山异峰、冰川飞泉，大小高山湖和广阔的森林、草地，各种奇花异草、珍禽异兽，构成了独具特色的高原山地风光。

物种基因库

四姑娘山特殊的地理位置、气候条件、显著的垂直高差，为各类动植物提供了理想的生存环境。

四姑娘山动植物资源非常丰富，除盛产红杉、红豆杉等珍贵树种外，还出产天麻、贝母、冬虫夏草等名贵药材。在这里，兽类有 60 多种，鸟类达 2300 种，是大熊猫、金丝猴、小熊猫等 30 多种国家保护动物的活动场所，著名的大熊猫故乡——卧龙自然保护区就设在此处。

峨眉山

峨眉山又称“大光明山”，位于四川省峨眉山市西南，即四川盆地向青藏高原过渡地带，因山势逶迤，细而长，美而艳，故名。

它的最高峰在大峨山上，主峰叫万佛顶，海拔 3099 米，山下的平原地区海拔 400 余米，相对高度在 2600 米以上，大大超过了久享盛誉的五岳和黄山、庐山、雁荡山等名山。

峨眉天下秀

峨眉山是我国的四大佛教名山之一，“蜀中多仙山，峨眉邈难匹”是大诗人李白赞美峨眉山的诗句。峨眉山以优美的自然风光和神话般的佛国仙山之喻而驰名中外，美丽的自然景观与悠久的历史文化内涵完美结合，相得益彰，享有“峨眉天下秀”的赞誉。

峨眉山的雪景很有特色，既有“北国风光”，又有“南国景色”——绿树琼花、晶莹剔透。峨眉山海拔 2000 米以上地区约有半年时间为冰雪覆盖，一般是 10 月到次年的 4 月，峨眉山都是白雪皑皑的。正如前人曹松写的：“五月峨眉近似火，木皮岭上只如冬。”

峨眉山以秀丽的景色名扬四海，日出、云海、佛光、圣灯等奇景使峨眉山盛名经久不衰。

佛教圣地

公元 1 世纪，在四川省峨眉山景色秀丽的山巅上落成了中国第一座佛教寺院。随着四周其他寺庙的建立，该地成为佛教的主要圣地之一。许多世纪以来文化财富大量积淀。

佛教的传播和繁荣、寺庙的兴建为峨眉山增添了许多神奇色彩。

峨眉山金顶铜殿的普贤骑象铜像。有趣的是，一般寺庙的大门都是朝南的，唯独峨眉山的都朝东，而金顶的铜殿却又例外的朝西，这也可算是峨眉山的独特之处了。

宗教文化特别是佛教文化，构成了峨眉山历史文化的主体，所有的建筑、造像、法器以及礼仪、音乐、绘画等无不展示出宗教文化的浓郁气息。

峨眉山上寺庙林立，其中以报国寺、万年寺等“金顶八大寺庙”最为著名。距今 1800 多年的东汉时期，大量的和尚、道士来此营造寺、观，如今尚存大小寺院 70 余座。其中规模最大、保存最完好的是报国寺，寺内的明代瓷佛光彩照人。

动植物会聚一堂

峨眉山处于多种自然要素的交汇地区，这里区系成分复杂，生物种类丰富，特有物种繁多，保存有完整的亚热带植被体系，森林覆盖率达 87%。

峨眉山有高等植物 242 科，3200 多种，约占中国植物总数的 1/10，其中仅产于峨眉山或在峨眉山发现、并以峨眉定名的植物就达 100 余种。

此外，峨眉山还是多种稀有动物的栖居地，已知动物 2300 多种。这里是研究世界生物区系等具有特殊意义问题的重要地点。

峨眉山灵猴

峨眉山云海景色

天下之大阻

秦 岭

秦岭横贯中国中部，是东西走向的古老褶皱断层山脉 。由花岗岩、片岩、千枚岩、石灰岩组成。

广义的秦岭西起甘肃、青海两省边境，东到河南省中部，全长 1500 千米。是我国两大水系——黄河与长江的分水岭，中国自然地理南北气候分界线。狭义的秦岭是秦岭山脉中段，位于陕西省中部的一部分。其在汉代就有“秦岭”之名，又因位于关中以南，故名“南山”。

太白山是秦岭山脉的最高峰，海拔 3767 米，秦岭是我国南水北调中线方案最主要的水源地。

千沟万壑的秦岭被称为“天下之大阻”。

地貌格局

秦岭山地是古老的褶皱断层山地，秦岭北部早在 4 亿年前就已上升为陆地，而南部却被淹于海水之中，接受了古生代时期的沉积。

在 3.75 亿年前的加里东运动中，秦岭南部隆起，露出海面。2.3 亿年前晚古生代的海西运动时，秦岭北部崛起上升。至三叠纪，因受 1.95 亿年前的印支运动的影响，秦岭与海完全隔绝，雄伟的身姿基本成型。

进入中生代以后，秦岭林区以剥蚀为主，是周围低洼地区的供给地。约 8000 万年前的燕山运动使秦岭在形成以断块活动为主的南北褶皱带构造格架后，又在喜马拉雅运动的强烈改造下，经大幅度的断块式垂直升降运动而最终形成了现今秦岭的地貌格局。

植物乐园

秦岭是我国乃至东亚暖温带、北亚热带物种最丰富的地区之一。秦岭山地面积约 5.79 万平方千米，秦岭山地生态系统、物种和生物遗传三个层次的多样性均具有典型性和代表性。

秦岭山地有种子植物 2931 种，占全国种子植物总数的 12%；有兽类 144 种，占全国总数的 29%；有鸟类 399 种，占全国鸟类总数的 34%。其中国家重点保护植物 28 种，国家重点保护野生动物 56 种。

终南山是历史文化名山，是秦岭的重要支脉，对西安的气候产生了巨大的影响。终南山中，林木果树自古以来就十分丰富。西安市无疑是终南山的重心、终南山的灵魂，没有终南山就没有古长安。

在秦岭发现的大熊猫亚种

秦岭大熊猫

秦岭，这个被誉为“生物基因库”的地方，是众多中国珍稀濒危野生动植物生活的乐园，更是国宝大熊猫分布的最北限和密度最大的区域之一。

大熊猫不仅是中国，而且也是世界自然保护的象征。秦岭大熊猫作为一个独立的种群，本身数量较少，由于人类活动范围的扩大和道路的建设，又被分隔成几个小居群，虽然这里被誉为大熊猫的天然庇护所，但是如果栖息地退化和破碎化的程度持续加深，大熊猫的命运将岌岌可危。

1999 年，108 国道秦岭隧道修通后，为了尽可能减轻对大熊猫生活环境的破坏，在隧道上方为野生动物开辟了一条天然通道。从 2000 年开始，该区域就被列为秦岭大熊猫的重要生物走廊带。

庐山

庐山又称匡山或匡庐，位于中国中部江西省九江市南，北濒长江，东接鄱阳湖。山体总面积302平方千米，南北长、东西窄。全山共90多座山峰，最高峰为大汉阳峰，海拔1474米。群峰间散布有许多壑谷、岩洞、瀑布、溪涧，形成了奇特瑰丽的山岳景观。庐山风光以“奇、秀、险、雄”闻名于世，素有“匡庐奇秀甲天下”的美誉。

庐山早有“神仙之庐”的传说，水气缭绕的万顷江湖，使庐山夏日清凉，雨水充沛，云雾弥漫。庐山的年平均雾日多达191天，弥漫的云气为庐山平添了许多迷人秀色和神秘色彩。

庐山不但拥有“奇秀甲天下”的自然风光，更有着丰厚灿烂的文化内涵。

人文荟萃

庐山是中国山水文化的杰出代表。山水文化，是人们以自然山水为素材而创造的精神成果，是中国传统文化的重要组成部分，是构成中华民族形象的重要精神支柱。庐山也是中华文明的发祥地之一。

庐山山水文化，是中国山水文化的历史缩影。庐山的自然，是诗化的自然，亦是“人化”的自然。

← 大约一千三百年前，唐代诗人李白为庐山瀑布写下了“日照香炉生紫烟，遥看瀑布挂前川。飞流直下三千尺，疑是银河落九天。”的千古绝句。

这里的佛教寺庙和道教宫观以及传习理学的重要基地——白鹿洞书院，以其独特的方式融汇在具有突出文化价值的自然美之中，形成了具有极高美学价值的、与中华民族精神和文化生活紧密联系的独特文化景观。

庐山文化中另一个特色，就是它的科技内涵，最远可以追溯到三国两晋时期的道家炼丹术及后来历代的医药采集应用活动，最著名的当推李时珍在1554年于庐山所做的医药研制工作。

庐山上还荟萃了各种风格迥异的建筑杰作，包括罗马式与哥特式的教堂、融合东西方艺术形式的拜占庭式建筑，以及日本式建筑和伊斯兰教清真寺等，堪称庐山风景名胜区的精华部分。

庐山云雾，千姿百态，变幻无穷，整个庐山都沉浸在缥缈的云雾中。

巍峨峻奇

庐山具有独特的第四纪冰川遗迹，如岩层的形状、溪泉的流向以及山势的起伏，都与冰川运动有关。

庐山地质构造复杂，形迹明显。主要有北东向华夏式构造和北北东向新华夏式构造。许许多多的断裂构造，形成了众多的山峰。庐山是第四纪强烈上升的断块山，当庐山上升之际，周围相对下陷，鄱阳盆地进一步发展，继而形成鄱阳湖。

北部以招曲构造为主要特征，形成一系列秀丽的岭谷地貌；南部和西北部则由一系列的断层崖形成雄伟高峻的五老峰、秀峰、石门涧。

庐山的山地中分布着宽谷和峡谷，外围则发育着阶地和谷阶。山上和山麓地带都存在着古地面。在庐山与长江的交接地带，鄱阳湖的形成与扩张塑造出一系列独特的湖滨地貌与之相连。长江、九江河段的地貌演变，湖洲交错的鄱阳湖大平原，形成了多种地貌的汇集，表现出极高的地理地质科学价值与旅游观赏价值。

道教祖庭 →

龙虎山

龙虎山位于江西省鹰潭市西南20千米处。东汉中叶，道教创始人张道陵（亦称第一代天师）在此炼丹，“丹成而龙虎现，山因得名”，龙虎山因而也成为中国道教发祥地、道教正一派“祖庭”，在中国道教史上有着重大影响以及承前启后、继往开来的作用。

道教文化

龙虎山是中国道教的发源地，至唐朝，道教为国教。宋、元、明时期，历代天师皆被敕封“一品”，龙虎山统领江南道教，成为中国道教的传播中心、“百神授职之所”。

道教最兴盛时期，龙虎山建有10座道宫、1处道观、836座道院，其中以“上清宫”规模最大，宫内伏魔殿和镇妖井就是施耐庵生花妙笔下的“水泊梁山一百单八将”的出世之地。现在龙虎山作为道教圣地，在海内外道教界备受推崇，来此朝圣、观光者络绎不绝。

悬棺墓群

龙虎山的神奇在其崖墓群，我国历史最悠久的悬棺，淡黄色的古棺木和壍底封门之间的泥砖清晰可见。据考证，这是春秋战国时期古越人的墓葬，距今已有2600年的历史。考古工作者在此发掘到的几百件文物，如十三弦木琴、斜纹纺织机以及陶器、木器、篾器等都十分珍贵，堪称中国崖墓文化的发源地和崖墓文化博物馆。

龙虎山群葬悬棺

佛国仙城 →

九华山

九华山位于安徽省境内，又称九子山，群峰竞秀，景中有景，自然景色和人文景观别具一格，中国四大佛教名山之一，是地藏菩萨的道场。山体主要由燕山期花岗岩构成，山势嶙峋巍峨，共有 99 峰，其中以天台、莲华、天柱、十王等九峰最为雄伟。主峰十王峰海拔 1342 米，为九华山最高点，自古就是我国著名的旅游胜地。

佛国仙城

九华山佛教始自南北朝时期。据史料记载，南朝梁武帝天监二年（公元 503 年），即有僧人伏虎，在九华山拾宝岩建伏虎庵；唐朝开元年间，有僧人檀号来此修行。开元、天宝年间（公元 713—公元 755 年），新罗国王室贵族金乔觉出家为僧，渡海来华，到九华山苦修，居住东崖峰的岩洞中，潜心修持 75 年，感动众多善男信女，当地乡绅捐资为金乔觉建寺，99 岁圆寂。金乔觉圆寂时，相传山鸣谷应，群鸟哀鸣，地出火光，其尸身历三年而栩栩如生，僧众尊为地藏菩萨，建肉身塔供奉，九华山遂成为地藏菩萨的道场。明、清鼎盛时期，寺院多达 360 余座，僧尼四五千人。现存古寺庙 94 座，佛像 1 万余尊，文物 2000 余件，僧尼 700 余人。“胜境层层别，高僧院院逢”，香火之盛甲天下。

文物瑰宝

九华山文化历史悠久，历代遗留下来的文物珍品数以千计，包括佛教典籍、寺院建筑、古代造像、佛事用品、名人书画、手工艺品等，其中许多是稀世珍宝，最具盛名的有：贝叶经、明《藏经》、清《藏经》、血经、九龙金印、清康熙御书“九华圣境”、明神宗圣旨等。

天下第一奇山

黄 山

黄山位于中国东部安徽省南部，经历了漫长的造山运动和地壳抬升，以及冰川的洗礼和自然风化作用，才形成其特有的峰林结构。

黄山处于亚热带季风气候区内，由于山高谷深，气候呈垂直变化。同时由于北坡和南坡受阳光的辐射差大，局部地形对其气候起主导作用，形成云雾多、湿度大、降水多的气候特点。山中的温泉、云谷、松谷、北海、玉屏、钓桥六大景区，风光旖旎，美不胜收。

苍劲挺拔的黄山迎客松

造化钟神秀

1990 年，世界遗产大会根据文化遗产和自然遗产遴选标准把黄山列为“文化与自然双遗产”名山，从而改写了世界遗产的分类，黄山的地位得到了空前的提高。

黄山是中国最著名的风景区之一。有三大主峰：莲花峰、光明顶、天都峰。主峰莲花峰海拔 1873 米，周围还有 77 座千米以上的山峰，群峰叠翠，有机地组合成一幅跌宕起伏、波澜壮阔、气势磅礴的立体画面。

黄山集中国各大名山的美景于一身，尤其以奇松、怪石、云海、温泉“四绝”著称，是大自然造化中的奇迹。

宗教文化

黄山与宗教有着密切的关系，唐代道教旧籍中关于轩辕黄帝和容成子、浮丘公来黄山炼丹、得道升天的仙道故事，流传千年，影响深广，至今还留下与上述神仙故事有关的许多峰名，如轩辕峰、浮丘峰以及炼丹、仙人、上升、仙都、道人、望仙诸峰。

黄山山名亦与黄帝炼丹之说有关。道教在黄山建立较早的道观有浮丘观、九龙观等。宋末道士张尹甫在黄山修炼，创建松谷道场。明末以后，全山范围内已无道教活动的踪迹。

地貌特征

黄山山体主要由燕山期花岗岩构成，垂直节理发育，侵蚀切割强烈，断裂和裂隙纵横交错，长期受水溶蚀，形成瑰丽多姿的花岗岩洞穴与孔道。前山岩体节理稀疏，岩石多球状风化，山体浑厚壮观；后山岩体节理密集，多是垂直状风化，山体峻峭，形成了“前山雄伟，后山秀丽”的地貌特征。

飞瀑如练

黄山高差大，山水迸泻，形成飞瀑，悬垂如练，溅珠喷玉，构成黄山最生动、最有生命力的景观，著名的瀑布有人字瀑、百丈瀑和九龙瀑。

黄山的一大特色优势是，它是钱塘江和长江两大水系的分水岭，水资源十分丰富，自中心向四周放射状展现着众多的山涧沟谷，其中大谷 36 条，形成 36 源，汇入 24 溪水，以桃花、云门二峰为界，分别流入新安江、钱塘江和青弋江、长江。

天然园林

黄山自然环境条件复杂，生态系统稳定平衡，群落完整，还保存有高山沼泽和高山草甸各一处，是绿色植物荟萃之地。

黄山野生植物有 1450 多种，其中属国家一级保护植物的有水杉，属二级保护植物的有银杏等 4 种，属三级保护植物的有 8 种。黄山有石斛等 10 个属濒临灭绝的物种，其中 6 种为中国特有种，2 种为黄山特有种。首次在黄山发现或以黄山命名的植物有 28 种，尤以名茶“黄山毛峰”、名药“黄山灵芝”驰名中外。

黄山还是动物栖息和繁衍的理想场所，已知的有鱼类 24 种、两栖类 20 种、爬行类 38 种、鸟类 170 种（隶属 17 目 40 科）、脊椎动物 300 种。

奇秀甲东南

武夷山

武夷山独特的丹霞地貌。丹霞地貌是 20 世纪 30 年代命名的一类地貌类型。形成丹霞地貌的岩层是一种在内陆盆地沉积的红色屑岩，后来地壳抬升，岩石被流水切割侵蚀，山坡以崩塌过程为主而后退，保留下来的岩层就构成了红色山块。

武夷山位于江西、福建两省边境交界处，呈东北—西南走向。北接仙霞岭，南接九连山。山体由各类火山岩、花岗岩组成。

黄岗山最高峰 2158 米，位于武夷山脉西麓江西省境内，为华东第一高峰，号称“华东屋脊”。1979 年，武夷山被列为国家自然保护区。是世界“人与生物圈”自然保护区网之一。

丹霞地貌

武夷山自然风光独树一帜，以丹霞地貌著称于世。

丹霞地貌属于红层地貌，所谓“红层”就是在中生代侏罗纪至新生代第三纪沉积形成的红色岩系，一般称为“红色砂砾岩”。

红色砂砾岩经长期风化剥离和流水侵蚀，形成孤立的山峰和陡峭的奇岩怪石，这种砂砾岩造就了武夷山优美的自然风光。“三三秀水清如玉”的九曲溪与“六六奇峰翠插天”的三十六峰、九十九岩的绝妙结合，使它异于一般自然山水，成为以“奇秀”、“深幽”为特征的巧而精的天然山水园林。

九曲溪两岸千峰竞秀，万木争荣，景观丰富多彩，变化无穷。各具特色的景观画面由一条九曲溪盘绕贯穿。游人凭借一张竹筏顺流而下，随波逐流，即可阅尽武夷秀色。此乃武夷山景观的精华，堪称世界一绝。

丹霞地貌红层高丘陵主要分布于武夷山市星村—慧苑一带，相对高度 200～300 米，最高峰三仰峰海拔 700 多米。基岩为红层中的赤石群，砂砾岩岩石坚硬，抗风化能力强。泥质粉砂岩较软，易风化，遇水容易崩解、脱落。

由于构造运动的结果，岩性间的差异风化及节理控制造就了其独特的丹霞地貌，主要形态有：岩柱、岩洞、断壁、岩峰、假峰丛等。

世界生物之窗

武夷山常绿阔叶林是中国中亚热带常绿阔叶林分布最为典型、物种最丰富和森林生态系统保存最完整的林带。它保存着大量古老和珍稀的植物物种，保护区内已查明的高等植物有 269 科 1040 属 3728 种，其中苔藓植物 267 属 361 种，蕨类植物 40 科 85 属 280 种，种子植物 171 科 840 属 2237 种，低等植物 840 种。并且保护区内还有相当一部分物种未被人们定名。

武夷山景区及自然保护区以“世界生物之窗”闻名于世。这里地形气候条件优越，是野生动物栖息、繁衍的好去处，目前已知的动物种类有 5110 种，已列入国际《濒危野生动植物物种国际贸易公约》的动物有 48 种。此外，还有大量稀有、特有的动物种类，武夷山保护区已发现的鸟类有 256 种，是世界上鸟类资源最丰富的地区之一，真可谓“鸟的天堂”。其中有新种及新亚种 35 种。武夷山鸟类中有国家一级保护动物黄腹角雉、中华秋沙鸭。

武夷山保护区的昆虫可达 2 万种以上，相当于我国其他地区目前已发现的昆虫的总数。据分析，这些昆虫中绝大多数是对生物有益的益虫，害虫不超过 2%，而且对于害虫均可利用天敌进行防治。武夷山保护区的森林从未出现过病虫害，其中昆虫的作用实在是功不可没。

长白山

长白山是辽、吉、黑三省东部和中、朝边境东北部山地的总称。是我国与五岳齐名、风光秀丽、景色迷人的关东第一山，因其主峰白头山多白色浮石与积雪而得名，素有“千年积雪万年松，直上人间第一峰”的美誉。是松花江、图们江和鸭绿江的发源地。呈东北—西南走向。

1980 年，长白山自然保护区被纳入国际“人与生物圈”自然保护区网，成为世界生物圈保留地之一，这是我国迄今为止被纳入该计划的 12 个自然保护区中的最早入选者。

1986 年，长白山自然保护区经国务院批准成为国家级自然保护区，这也是全国现有 99 个国家级自然保护区中最早一批被批准的国家级自然保护区之一。

绝美的天池

长白山天池的美是独特的，它像一块蓝色的绒布，充满着丝滑的质感。天池水面偶有大风拂起的微波，虽然风是那样刚劲，但那波纹柔和极了，像是绒布上面的丝理。随着长白山不同山峰的映衬，那湖面呈现着颜色微妙的变化，大部分是湛蓝，少许有些泛着黄绿的色质，有些地方还映出山峰的倒影……回望四方，奇美无穷。

长白山天池的奇妙景观

神奇的地质地貌

长白山地质、地貌可分为三种类型，即火山熔岩构造地貌、流水地貌、冰川冰缘地貌。长白山是一个年青的、典型的火山地貌区域，是东亚大陆最大的一个火山作用区，火山活动时间长；长白山中心火山锥体属于复合层状截顶火山锥体，是一座复合式休眠火山。长白山火山锥体是多次火山岩浆喷发物叠加而形成的。在这一巨型火山锥体上，还分布着寄生的小火山体。据记载，长白山在明清时期有过小规模的间歇式喷发，分别发生在 1597 年、1688 年、1702 年。

长白山火山地貌

长白山中心火山锥体中部海拔高度在 1700 米以上，锥体底部半径 20 千米左右。围绕长白山天池有 16 座山峰，海拔高度都在 2500 米以上。其中白云峰为最高，海拔 2694 米，也是我国东北部最高的山峰。

从锥体底部向下，地势呈台阶状向下倾斜，高度渐低，坡度渐缓。向下过渡到山麓倾斜熔岩高原和熔岩台地。

四大景观带

长白山随海拔高度的不同，自上而下可分为四个不同的自然景观带。

针阔混交林景观带：分布在海拔 1100 米下的玄武岩台地上。红松阔叶林带地势平缓、气候温和湿润，森林下发育着比较好的山地棕色森林土。森林生长茂密、树木种类繁多，形成“长白林海”的壮丽景观。

暗针叶林景观带：分布在倾斜玄武岩高原上。森林结构比较简单，云杉占据优势，树高林密，四季常青。

岳桦林景观带：分布在海拔1800~2100米之间，地处长白山火山锥体的下部。气候处在针叶林气候型与山地苔原气候型之间。土壤类型为山地生草森林土。植被为岳桦林，同时山地苔原与针叶林成分彼此互相渗透，形成复杂的植被镶嵌类型。

高山苔原景观带：分布在海拔2100米以上，为长白山火山锥体的中上部。地表覆盖着厚厚的火山灰、火山砾、浮石等。气候为高山苔原型，湿度大、风力特强、土层瘠薄。植被类型为高山苔原。

植物宝库

长白山自然保护区植物类型复杂多样，种类十分丰富。目前已知有野生植物2277种，有国家重点保护植物25种，其中，人参为国家一级保护植物。这些特有的众多植物种类、各区系成分交汇在一起，构成了长白山特有的绿色植物世界，使其成为难得的生物遗传基因贮存库。

东北虎

动物乐园

长白山自然保护区野生动物种类繁多、资源丰富。目前已知有分属73目的189科1225种。在1225种野生动物中，属国家重点保护动物的有59种，其中东北虎、金钱豹、梅花鹿、紫貂、黑鹳、白鹳、金雕、白肩雕、丹顶鹤、中华秋沙鸭为国家一级保护动物；豺、麝、黑熊、棕熊、猞猁、马鹿、鸢、苍鹰、乌雕、秃鹫、大天鹅、小天鹅等为国家二级保护动物。

2

高原盆地

高原是在大面积、长期、连续的地壳抬升过程中形成的。高原的共性，高而广阔，但是高原的形态却差别悬殊：有的高原广阔而平坦，如内蒙古高原；有的高原雄伟险峻，如青藏高原；而黄土高原又是另外一种面目，整个高原以黄土地貌为特征。

盆地是由于造山运动时地面下陷形成的，中国有四大盆地，每个盆地的自然状况迥异，各具特色。有不同的气候特征、不同的地质结构、不同的风土人情：四川盆地是著名的天府之国，是中华文化的发源地之一，为中华民族的历史谱写了壮丽的一页。塔里木盆地、准噶尔盆地和柴达木盆地虽然都是沙漠性的盆地，性质均相似却各有各的特色，它们蕴藏的矿产资源是造物主给予我们的宝贵财富。

世界屋脊

青藏高原

青藏高原位于我国的西南部，主要包括青海省、西藏自治区和四川省的西部。面积 250 万平方千米，占全国国土面积的 1/4 以上。是以一系列东西横亘的高大山脉为骨干的山地性高原，平均海拔达 4000 米以上，是世界上最高的大高原，有“世界屋脊”之称。

气候高寒

青藏高原上气候寒冷，干旱，多风，低氧，辐射强，昼夜温差大。由于地势特别高，空气稀薄，因而日照强烈。拉萨一年中有 3005 小时能照到阳光，因此有“日光城”之称。高原上气温很低，冬寒夏凉，大部分地区年平均温度在 0℃以下。夏季多雨，加上这里的很多山峰终年积雪，冰川分布很广，冰川消融后水量丰富，因此高原上江河众多，是长江、黄河、雅鲁藏布江、印度河等许多著名河流的发源地。湖泊星布，青海湖、纳木错湖等都是内陆咸水湖，盛产食盐、硼砂、芒硝等。

生物独特

由于地势高，大部分地区热量不足，高于 4500 米的地方最热月份平均温度不足 10℃，没有绝对的无霜期，谷物难以成熟，只宜放牧。牧畜以耐高寒的牦牛、藏绵羊、藏山羊为主。4200 米以下的河谷可以种植作物，以青稞、小麦、豌豆、马铃薯、油菜等耐寒种类为主。雅鲁藏布江河谷纬度低，冬季无严寒，小麦可安全越冬。

动物中的藏羚羊是高原上唯一的特化属，牦牛则是第四纪冰期中冰缘环境下发展起来的种类。从构成自然景观外貌的植被来说，高原上广泛分布着高寒灌丛草甸、高寒草原、高寒荒漠等类型。动物则为高地森林草原—草甸草原—寒漠动物类群，它们都显示出高原的独特性。

中国第二大高原

内蒙古高原

内蒙古高原属于蒙古高原的一部分，位于我国北部。东起大兴安岭，西至甘肃和新疆边境及祁连山麓，北以国界线与蒙古高原分界，南面大致以长城一线为界，包括内蒙古自治区大部和甘肃、宁夏和河北等省区的一部分，东西长约 2000 千米，南北宽约 500 千米，面积约 130 万平方千米，为我国第二大高原。

内蒙古高原平均海拔 1000~1200 米，地势起伏和缓，开阔坦荡，从飞机上俯视高原就像烟波浩渺的大海，古人称之为“瀚海”。高原上山脉较少，主要山脉有贺兰山和阴山。

天苍苍、野茫茫——内蒙古高原的写照

草原辽阔

“天苍苍，野茫茫，风吹草低见牛羊”曾是对内蒙古草原的真实写照。高原上草原面积约占高原面积的 80%，属欧亚温带草原区的一部分。高原上草群的组成、高度、覆盖度、产量和营养成分也呈东西向变化。森林草原带的牧草高大茂密，种类多，以杂类草为主，富含碳水化合物，适宜饲养牛和马。典型草原带的牧草以禾本科牧草占优势，蛋白质含量显著增高，是中国最大的绵羊及山羊放牧区。荒漠草原带的牧草低矮、稀疏，种类贫乏，旱生、丛生小禾草和旱生小半灌木起建群作用，但脂肪和蛋白质的含量高，适于放羊，且以山羊最多。荒漠带以小半灌木占绝对优势，牧草质量差，含灰分高，具有带刺含盐的特点，是中国骆驼主要产区之一。

华夏文明的摇篮

黄土高原

黄土高原北抵长城，南达秦岭，西连祁连山，东至太行山，横跨陕西、山西等六个省区，海拔在1000～2000米之间，黄土层厚度达100米左右，最厚的地方可达200米以上。总面积达58万平方千米，是世界上黄土分布最广阔、最深厚、也最典型的黄土地貌区。

黄土高原因地表被深厚的黄土层所覆盖而得名。

沙尘暴的杰作

黄土高原是一个盆地型高原，在上新世晚期到更新世初期的构造变动中，使长城内外广大地表发生由西北向东南掀斜式的整体抬升，并加大了长城以南的斜度，于是泾河、洛河与山陕之间的黄河从三趾马红土堆积面切下，形成以渭河地堑谷为汇集的扇状水系。

随着时间的推移，河流割穿甚至蚀去三趾马红土，并切入中生代基岩。由于谷坡的不断扩展，谷地间的形态，有些成为面积或大或小的平台，有些成为长条形或椭圆形的丘陵。

更新世以来，在这些地面基础上又堆积了60~200米厚的黄土，其中以离石黄土最厚，马兰黄土分布面积最广。由于黄土土质疏松，现代侵蚀强烈，所以在广大的区域内，除少数残留的黄土高原外，大部分地区都已被切割成为破碎的梁峁丘陵。其间只有少数基岩低山突出于黄土高原之上，状如孤岛，如子午岭、黄龙山、劳山（延安西南）等。

黄土高原的大部分地区已被分割成千沟万壑的丘陵沟壑区，称为黄土梁峁丘陵沟壑区，其面积约占黄土高原覆盖面积的90%。

喀斯特之子 →

云贵高原

在云贵高原上，因地势而开垦成的梯田，是云贵高原上独特的景观之一。

云贵高原包括贵州省全部、湖北省西南部、广西省西部及云南省哀牢山以东的地区。地势西北高，东南低。它大致以乌蒙山为界，分为云南高原和贵州高原两部分。西面的云南高原海拔在2000米以上，高原地形较为明显，东面的贵州高原起伏较大，山脉较多。云南高原和贵州高原相连在一起，分界不明，所以合称为“云贵高原”，是中国的第四大高原。

岩溶（喀斯特）地貌

云贵高原上石灰岩广布，在高温多雨的气候条件下，雨水、河水、地下水不断溶解和侵蚀，逐渐形成了今天云贵高原上的喀斯特地貌。地面有石芽、峰林盆地和漏斗、洼地等，地下有溶洞、地下河（伏流）等地貌。云贵高原是世界上喀斯特地貌发育最完美、最典型的地区之一。

在云贵高原上还有很多因地层断裂陷落而形成的“断层湖”，最为著名的就是云南东部的滇池和中部的洱海，美丽昆明和大理就分别坐落在这两个湖泊的旁边。

气候独特

云贵高原属亚热带湿润区，在地形上虽说是一个高原，但由于海拔高度、大气环流条件不同，气候差别显著。

例如，云南昆明海拔约1900米，但其纬度较低（北纬25°），冬季一般不受寒潮影响，而且经常在西南暖流控制下，多晴天，冬春相当干燥而温暖；夏季主要受西南季风影响，降水丰富，加之海拔高，所以夏季温度偏低，一年中干湿两季分明，有“春城”之称。而贵州境内海拔一般在1000米左右，冬季较冷，有“天无三日晴”之说；夏季受到东南季风影响，降水较多，气温较高。

中国最大的内陆盆地

塔里木盆地

塔里木盆地是中国最大的内陆盆地，位于天山、昆仑山和阿尔金山与帕米尔高原之间。面积约 53 万平方千米，海拔高度 778~1300 米。南北最宽处 520 千米，东西最长处 1400 千米。盆地中石油、天然气资源蕴藏量十分丰富，分别约占全国油、气资源蕴藏量的 1/6 和 1/4。

壮丽的环形地貌

塔里木盆地地貌呈环形分布，边缘是与山地连接的砾石戈壁，中心是辽阔沙漠，边缘和沙漠间是冲积扇和冲积平原，并有绿洲分布。

塔里木盆地地势西高东低，微向北倾，罗布泊湖海拔 780 米，是塔里木盆地最低点。塔里木河位置偏于盆地北缘，水向东流。

塔里木河以南是塔克拉玛干沙漠，是中国最大的沙漠，也是居世界第二位的流动沙漠。

死亡之海

塔克拉玛干沙漠位于塔里木盆地中心，仅次于非洲撒哈拉大沙漠，是世界第二大沙漠。

“塔克拉玛干”维吾尔语意为“进去出不来”，又称“死亡之海”。传说很久以前，人们渴望能引来天山和昆仑山上的雪水浇灌干旱的塔里木盆地。一位慈善的神仙有两件宝贝，一件是金斧子，一件是金钥匙。神仙被百姓的真诚所感动，把金斧子交给了哈萨克族人，用来劈开阿尔泰山，引来清清的山水。他想把金钥匙交给维吾尔族人，让他们打开塔里木盆地的宝库，不幸金钥匙被神仙的小女儿玛格萨弄丢了。神仙一怒之下，将女儿囚禁在塔里木盆地，从此盆地中央就成了塔克拉玛干大沙漠。

美丽的“死亡之海”——塔克拉玛干沙漠景色

中国的"史前地质博物馆"→

准噶尔盆地

准噶尔盆地总面积约38万平方千米，海拔190~1000米，东高西低，是个半封闭型的盆地。准噶尔盆地西南部的艾比湖湖面海拔190米，是盆地的最低点，盆地中心分布着中国第二大沙漠古尔班通古特沙漠。

准噶尔盆地中部是草原和沙漠，边缘是山麓和绿洲。该盆地的地下埋藏着丰富的石油，早在20世纪50年代就开发了著名的克拉玛依油田。

地理景观四绝

一、荒原地穴

准噶尔盆地中心，过去是广袤的原始森林，现在是荒原，地下埋的都是植物根系。植物根系腐烂后，形成纵横交错的地下通道。

二、荒原蓬蒿

在准噶尔盆地荒漠灰钙土和残余草甸土上，生长着蒿属的几十个品种，俗称蓬蒿。这些蓬蒿一岁一枯，大的状如车轮，小的形似皮球。

三、沙尘暴

准噶尔盆地春季多风，时有扬沙天气，有时会爆发沙尘暴。

四、天然胡杨林

20世纪50年代以前，准噶尔盆地的草木基本呈原始状态。垄状沙丘和戈壁滩上，疏密相间地生长着梭梭、红柳、枇杷；洼地和草甸边缘处则分布着野生杨树和胡杨。

天然好牧场

准噶尔盆地特性不如塔里木盆地的完整。它西面缺口很多，西风能不断吹入盆地，故气候上雨量较多，向西的山坡尤甚。雨雪丰富，冬雪量占雨量的46%，显出冬季多雨的特点，因而盆地内水草丰美，成为我国主要牧区。良种福海大肥羊就出产在这里。这种羊肉以无膻味、鲜嫩可口著称。

神秘多彩的"聚宝盆"

柴达木盆地

柴达木盆地位于青藏高原东北部的青海省境内，是青藏高原北部边缘的一个巨大的山间盆地，范围包括格尔木市柴达木部分、德令哈市、天峻县、乌兰县、都兰县、大柴旦行政区、冷湖行政区、茫崖行政区。

柴达木盆地地处青海省西北部，盆地略呈三角形，北西西—南东东方向延伸，东西长约800千米，南北宽约300千米，面积257768平方千米。盆地底部平均海拔2600~3000米，是中国海拔最高的大盆地，为我国第三大盆地。

雅丹地貌奇景

位于柴达木盆地西北部的风蚀地貌雅丹群，是世界上最大、最典型的雅丹景观之一，尤其是南八仙、一里坪一带，分布的面积达千余平方千米，被世人视为魔鬼城、迷魂阵。

"外星人建筑"惊现托素湖

在中国广袤的版图上，大自然留给我们无数未解之谜。

青海省作协名誉主席白渔曾从事过地质工作。1996年6月，他刚一踏进柴达木盆地东北边缘的托素湖，就被眼前的景象震撼了：开阔的湖面没有任何生物，四周尖锥状的小山仿佛被大火冶炼，不见一丝生命气息。就在托素湖以东的巴音诺瓦山脚下，白渔发现了一个奇特的山洞。洞口为三角形，如人工开凿一般，清一色的砂岩，几乎看不到一点杂质。山洞深处，一根从岩壁中穿出的铁质管状物，同岩石嵌合得天衣无缝，不见头尾！

雅丹地貌——雄奇的魔鬼城

在巴音诺瓦山和托素湖之间的河滩上，白渔发现了更多的神秘管状物。这些管状物形状奇特，鬼斧神工。白渔从管状物上取下一块样品进行化验，结果除了常见的金属元素外，样品中还有8%无法化验出的元素。

经调查，白渔了解到柴达木最早有人类活动的历史距今已有3万年之久。当地出土的文物多为兽骨、石器、陶器和青铜器等，从未发现铁器。新中国成立后曾几次开发柴达木，但从未在托素湖一带施工。因此，白渔断定，这些管状物不是古代先民留下的，也不可能是现代工程的材料，极有可能是外星人所构建的管道群。

经过一番考察和推论推测：托素湖一带是外星人在地球上的活动遗址，巴音诺瓦山的那个神秘山洞就是外星人洞！但尘埃并未最终落定——还有疑问没有答案。对于人类，大自然依旧谜雾重重。

"中华第一湖"——察尔汗盐湖

柴达木盆地景观

察尔汗盐湖

察尔汗盐湖是中国最大的盐湖，总面积4704.8平方千米，堪称"中华第一湖"，形成了"沃野千里"的奇观。

察尔汗盐湖是一个"不沉的湖"。由于盐盖异常坚硬，所以在湖面上可以修公路、建铁路、造高楼，形成湖面车水马龙、湖下碧波荡漾的奇观。横跨湖面、长32千米的"万丈盐桥"，是世界上最长的盐桥。整座桥由盐铺成，堪称世界奇桥。

察尔汗盐湖上建有多座钾肥厂，其中青海钾肥厂先进的船采船运生产工艺构成盐湖上一道亮丽的工业旅游风景线。钾肥厂内的大型人工盐池，在日光照耀下，绚丽多彩，形成"盐海玉波"的奇观。此外，千姿百态的盐花、盐脑、盐钟乳也是盐湖孕育出的自然奇观。

3

峡谷瀑布

大自然的伟大与壮丽使人能跨越时空去追溯天地间最不可思议的奥秘。峡谷，是地球上美丽的伤疤，它集天地之美，风情独具，壮观如一本书，构成了一幅幅多姿多彩的峡谷奇观。

瀑布之美在于她多姿多彩，变化万千。远看如同玉带飘落，近看却似万马奔腾，正是飞动与静谧相合，意境与乐章相辅，至阴与至阳相融。

天山神秘大峡谷 →

库车峡谷

库车峡谷位于新疆天山山脉南麓的库车县境内，由红褐色巨大山体群组成，当地人称之为“克孜尔亚”，维吾尔语的意思是“红色的山崖”。

库车峡谷全长5000米，平均海拔1600米，最高山峰2048米，整个峡谷幽深曲折。库车峡谷山体为古近纪的红色砂岩，置身其中，宛若进入了神秘的魔幻世界，因而库车峡谷被称为“天山神秘大峡谷”。

神秘的天山大峡谷——库车峡谷

瑰丽的色彩给库车峡谷披上了一层神秘的面纱。

自然奇观

库车峡谷集雄、险、幽、静、神于一身，身临其境者无不赞美叫绝。

库车峡谷到处是红色的山崖，是典型的雅丹地貌。

亿万年的地质运动、风雨剥蚀，在这里造就出无数奇峰异石，如一线天、月牙谷、玉女泉、悬心石等。最神奇的要数开凿在悬崖之上的唐代千佛洞，石窟中保留的汉文化完整丰富，在古西域地区数百座石窟中绝无仅有，堪与同时代的敦煌莫高窟相媲美。

库车峡谷呈南北走向，末端稍向东弯曲，经过上亿年的风雨剥蚀、山洪冲刷而成，是我国罕见的自然风景奇观。

晨曦中的库车峡谷让人惊讶不已。山体上因地质作用而生成的褶皱，层层叠叠，清晰可见，光线和岩石本身造就出各种色彩，交织融会。尽管没有丛林和鲜花，这里的一切却五彩斑斓，不能不让人惊叹大自然的神奇手笔。

当夕阳落到了地平线上，光线给山体染上了谜一样的色彩，金黄、玫红、绛紫、靛蓝，穿行其间，仿佛穿梭于迷宫之中。

雅鲁藏布大峡谷

举世闻名的马蹄形大拐弯

雅鲁藏布大峡谷位于“世界屋脊”青藏高原之上，平均海拔 3000 米以上，全长近 500 千米，呈马蹄形状，险峻幽深。雅鲁藏布大峡谷是世界最大峡谷，长于美国科罗拉多大峡谷，深于秘鲁科尔卡大峡谷。它也是全球抬升最快的地区，最新的研究数字表明，雅鲁藏布大峡谷地区每年上升 3 厘米！

奇特的森林生态景观

雅鲁藏布大峡谷是冰冻圈和生物圈相结合的最后地方，最为奇特的是它在东喜马拉雅山脉尾闾，由东西走向突然南折，沿东喜马拉雅山脉南斜面夺路而下，注入印度洋，形成世界上最为奇特的马蹄形的大拐弯。

雅鲁藏布江大峡谷高、壮、深、润、幽、长、险、低、奇、秀。它令世界瞩目和惊叹，令中国为之自豪和骄傲。

人类最后的秘境

雅鲁藏布大峡谷是世界上山地生态系统类型、植被类型、生物群落最丰富的峡谷谷地。从海拔数百米的谷底，直到海拔 7782 米的南迦巴瓦峰顶，热带山地常绿半常绿季风雨林、亚热带山地常绿半常绿阔叶林、暖温带中山地常绿针叶林、寒温带亚高山常绿针叶林、亚寒带高山灌丛草甸、亚寒带高山冰原和寒带极高山冰雪等生态系统，沿谷坡依序分布，被誉为世界山地植被类型的天然博物馆。

在峡谷中曾发现古人类遗物。从这些遗物中，如陶器、纺轮等细石器上分析，早在 8000 年以前，雅鲁藏布大峡谷就有古人类活动过。

中国最长最完整的峡谷 →

长江三峡

长江三峡全长 193 千米，其中狭谷段合长 90 千米，宽谷段合长 103 千米，为瞿塘峡、巫峡和西陵峡的总称。西起四川奉节的白帝城，东迄湖北宜昌南津关，跨奉节、巫山、巴东、秭归、宜昌五县市。其中瞿塘峡属四川省，西陵峡属湖北省，巫峡跨越川、鄂，是长江著名的天险和旅游胜地。

↑——美丽的巫峡

独特的地质地貌

三峡的形成，是强烈的造山运动所引起的海陆变迁以及江河发育的结果。

在 2 亿年前的三叠纪，中国的地形与今天相反，东部高，西部低。现今长江流域的西部，是古地中海，现今三峡一带即当时的海滨。

在三叠纪末期的造山运动中，这里海岸的地壳上升，古地中海大规模地向西后退，现今著名的黄陵背斜也初具规模地露出海平面，在它的西部和东部，分别出现了东西古长江的雏形。

在大约 7000 万年前的又一次造山运动中，四川盆地和三峡地区隆起，三峡地区的厚层岩石被挤压成弯弯曲曲的褶皱和断层。现今三峡地区的七曜、巫山、黄陵就是在这次造山运动中形成的三段山地背斜。这三个背斜隆起以后，其东西两个坡面上发育的河流各自形成相反的流向。

到三四千万年前的喜马拉雅造山运动时，长江流域的地面普遍间歇上升，于是出现了西高东低的地形。直到现在，三峡地区的地壳仍在缓慢上升。

三峡背斜隆起后，其两侧的河流，即西部的古长江和东部的古长江就在河流的下切作用和溯源侵蚀中相互靠近。由于此时中国已形成西高东低的地势，所以东坡的河流比西坡陡，其溯源侵蚀能力也比西坡强。

经过千万年的切割，三峡地区的3个背斜终于被切穿，于是东西两条古长江贯通一气，形成了今天的长江。

三峡水电站开闸时的情景

生态资源丰富

长江三峡上接“天府之国”，下连“鱼米之乡”，人杰地灵，资源、物产极为丰富。长江流域的水能蕴藏量为2.3亿千瓦，是美国的2.7倍，加拿大的2倍，堪称世界之冠。

三峡沿岸的矿产资源也很可观，例如巴县、秭归、宜昌等地的煤炭，奉节的滑石，重庆至巴县一带的石油和天然气等，在西南乃至全国都是很著名的。

长江流域的木材蓄积量约占全国的1/3，其中川西、滇北林区是我国第二大林区；而新开发的湖北神农架林区，原始森林储量丰富，极有保护利用价值。

绮丽的自然风光

瞿塘峡又名“北夔”，西起奉节县白帝城，东迄巫山县大溪镇，全长约8千米，以雄、奇、险、峻著称。

巫峡又称“大峡”，西起巫山城东大宁河河口，东迄巴东官渡口，全长约45千米，山奇水秀，风光绮丽。

西陵峡西起秭归香溪，东止宜昌县南津关，全长约75千米，峡中江流回环曲折，礁石险滩密布。真所谓“瞿塘雄，巫峡秀，西陵险”，概括了3个峡谷各自的主要特点。

西陵峡中部为庙南宽谷，长约33千米。这些宽谷两岸多有平缓台地，视野开阔，涨水时最宽可达1000米以上。所以整个三峡地段，江回峰转，开合变化无穷，蔚为壮观。

神州第一瀑

黄果树瀑布

黄果树风景名胜区位于贵州省安顺以西45千米，景区内的黄果树瀑布是世界上唯一能够从前、后、左、右、上、下，多角度观看的瀑布，其景观变幻无穷，因此，它是世界名瀑中最美丽最壮观的瀑布之一。

游览胜境

黄果树瀑布是在三叠系白云质灰岩和断层夹持这一地质基础上，由于地面抬升，河流溯源侵蚀而形成裂点。

黄果树瀑布以其巨大的规模，壮观的景色，悠久的历史和独特的成因，闻名中外。又因该区喀斯特发育，奇峰异洞、怪石丽水与飞水惊涛、激雾凝虹浑然一体，互相辉映，因此成为贵州省最瑰丽的游览胜境。

天然瀑布博物馆

黄果树瀑布是一个大的瀑布群，在瀑布上游和下游，由18个雄奇险秀风格各异的瀑布组成，有落差高达410米的滴水滩瀑布，有瀑面宽达110米的陡坡塘瀑布，有滩面长达350米的螺丝滩瀑布及形态秀美的银练坠潭瀑布等，是天然的“瀑布博物馆”。

景区的中心是世界著名的黄果树大瀑布，高74米，宽81米，年均流量每秒16立方米，洪峰时流量达每秒2000多立方米，气势磅礴，宏伟壮观。水大时，如银河倒倾，奔流直下，声若雷鸣，震颤山谷。雾珠升腾百米之高，阳光下数道彩虹时隐时现，如梦如幻。更神奇的是，大瀑布后有一水帘洞，长134米，贯穿全瀑。万幅绞绡掩罩6个洞窗，瀑声盈耳，惊心动魄，瀑窗水挂珠帘，伸手可及，称“天下第一奇洞”。

童话世界

九寨沟瀑布群

九寨沟河道纵横，水流顺着呈台阶形的河谷奔腾而下，形成数不清的瀑布。有的细水涓涓，有的急流直下，有的若玉带飘舞，有的似银河奔泻，宽度或长度超过贵州黄果树瀑布的就有 6 条之多。

雄伟壮观的诺日朗瀑布

九寨美瀑

九寨沟瀑布群主要由诺日朗瀑布、树正瀑布和珍珠滩瀑布组成，此外还有梯瀑群样的无数小瀑布。

一、诺日朗瀑布

诺日朗瀑布是九寨沟瀑布群中最大的瀑布。“诺日朗”三字在藏语中的意思就是雄伟壮观。它的落差为 30~40 米，但瀑面十分宽，达 140 余米，是国内除黄果树瀑布之外跨度最大的瀑布。

二、树正瀑布

天工造化，鬼斧神工，树正瀑布，可谓奇瀑了。树正瀑布海拔 2295 米，高 25 米，瀑顶宽 72 米。远视如天海中的一朵睡莲常开不败，十分壮观。

三、珍珠滩瀑布

珍珠滩瀑布宽 200 米，落差最大可达 40 米，气势非凡，雄伟壮观，是九寨沟所有激流中水色最美、水势最猛、水声最大的一段。

诗意的壮美 →

庐山瀑布群

庐山山峰耸立，一身葱茏，四处安谧。而庐山的胜景则当数瀑布。历代文人骚客都曾在此赋诗题词，赞颂其壮观雄伟，令庐山瀑布群名闻遐迩。庐山的瀑布群中最著名的应数三叠泉，被称为庐山第一奇观，其他著名的瀑布有黄岩瀑布、石门涧、开生瀑、玉渊等。

三叠泉瀑布

三叠泉瀑布在庐山九叠谷中，“匡庐瀑布，首推三叠”，被称为“世界上最壮丽最优美的喀斯特瀑布”之一，为古今登庐山的游客必到之地。

三叠泉瀑布总落差为155米。一叠直垂，水从20多米高的簸箕背上一倾而下；二叠弯曲如弓形；三叠最为壮观，高50米，直泻入潭中。

站在瀑布下抬头仰望，三叠泉瀑布抛珠溅玉，宛如白鹭上下争飞。如果是暮春初夏多雨季节，飞瀑如发怒的玉龙，声如雷鸣，令人叹为观止。三叠泉瀑布高崖险峻，峡谷幽深，集雄、幽、奇、险于一身，有原始质朴之美，故有“不到三叠泉，不算庐山客”之说。

黄岩瀑布

庐山瀑布之中，扬名最久的当为黄岩瀑布。它就是诗仙李白写诗赞美的“庐山瀑布”，因以前瀑布上面有一黄岩寺而得名。

黄岩瀑布似排山倒海，水声如雷，惊心动魄，落差为120米，在瀑布的左上方有像双剑直插云霄的双剑峰和“日照香炉生紫烟”的香炉峰。

中国最大的火山瀑布

镜泊湖瀑布

镜泊湖瀑布又称吊水楼瀑布，当地人因瀑布形似倒吊的流水，故名之。此瀑布位于黑龙江省宁安县西南，是中国最大、纬度最高的火山瀑布，与黄果树瀑布、黄河壶口瀑布并称为我国三大瀑布。

风韵卓绝

镜泊湖瀑布四周布满黑色的火山石，湖水从两座火山喷发后形成的溶洞溢出，形成两股高 20~25 米、宽达 42 米左右、坠入一潭的瀑布。镜泊湖瀑布酷似闻名世界的尼亚加拉大瀑布。湖水在熔岩床面翻滚、咆哮，如千军万马之势向深潭冲来，然后从断岩峭壁之上飞泻直下，扑进圆形瓯穴之中。

每到夏秋季节，湖水陡涨，瀑布的声势更加雄伟，呼啸奔腾的湖水漫过平滑的熔岩床面，从断层峭壁上飞泻而下，在丰水期时形成宽达二三百米、落差二十多米的大瀑布。若银河倒悬坠落，其轰声如雷，数里之外便可听到；其势之磅礴，近观令人胆战心惊。那溅激起来的团团水雾，漫天飘洒。游人站立在观瀑亭上，可欣赏到水雾烟云之中霓虹隐现，甚为壮观。

一到冬季，这里气温可下降至 -40℃以下，镜泊湖湖面结成厚厚的冰层，骡马雪橇可在上面行走，但瀑布仍能从冰层下倾泻下来，不冻也不断，虽没有夏季那样的波澜壮阔，但潇洒清秀，另有风韵，成为当地冬景中的一大奇观。瀑下有一深潭，直径 70 米，深 60 米，是常年受到水流下泻冲蚀而形成的，潭水清澈，奔向牡丹江。

4 平原丘陵

在中国辽阔的大地上，有雄伟的高原、起伏的山峦、广阔的平原、低缓的丘陵，还有群山环抱、中间低平的大小盆地。丘陵是山地久经侵蚀的结果。在地貌演化过程中，丘陵是山地向平原过渡的中间阶段。平原的特点是地面平坦广阔，海拔不高。读罢此章，你会对平原丘陵有更深入的了解，产生更加浓厚的兴趣。

辽东明珠

辽东低山丘陵

辽东低山丘陵位于辽宁省的东南部，西临渤海，东靠黄海，南隔渤海海峡与山东半岛遥遥相望，仅西北和北部以营口、鞍山、抚顺、宽甸至鸭绿江江边一线与辽河平原和长白山地相连，形成一半岛，面积约3.35万平方千米。千山山脉纵贯南北，长约340千米。构成半岛的主干，海拔平均在500米左右，地势北高南低，北部黑山主峰海拔1181米，中部步云山主峰海拔1131米。

丘陵地势的特点

辽东低山丘陵山地两侧坡度不对称，因郯—庐—辽河深大断裂使千山山脉主脊偏西并向东俯倾，西陡东缓，从而在东南斜面上发育的河流比较宽长。千山山脉山峰重峦叠翠，犹如千朵莲花浮在绿色海洋之中，故名千朵莲花山，简称千山。

千山山地两侧丘陵地面积广大，滨海一带有多级滨海平原，其中以高出海面10~15米的一级阶地面积最大。在大连老虎滩及黑石滩尚可看到40~50米的海蚀阶地。

金州湾以西和大连湾以东为两个沉溺的构造盆地，形成里亚斯式海岸，海岬之间的海湾内沉积不厚，海水较深，形成了大连、旅顺等著名港口。

附近岛屿众多，位于渤海的有长兴岛、西中岛、蛇岛、猪岛、蚂蚁岛等，位于黄海的有长山群岛，岛屿的形状受构造影响，多呈北东走向。

在辽东半岛东北海岸皮口镇以北地段，因受碧流河、大洋河夹带泥沙的淤积，以及鸭绿江口扩散来的大量悬浮泥沙的影响，形成比较平直的沙质海岸，滨海平原比较宽广。在大洋河口附近，近几年来泥滩向外伸展约 5~6 千米。

海洋气候显著

这里受海洋影响显著，气候温和湿润。年平均气温 8~10℃，1 月平均气温 6~12℃，7 月平均气温 24℃左右，但最热月往往出现在 8 月。年降水量 600~1000 毫米，东北部山地（宽甸）年降水量高达 1124 毫米。降水分配也以夏季为多，7~8 月份雨量占全年降水量的 50%以上，但春秋降水仍占一定比例。辽东半岛云雾多，相对湿度大，与山东半岛比较，气温略低，降水偏高，干燥度 0.5~1.0，无霜期 150~200 天，作物一年一熟到两年三熟。农作物有玉米、冬小麦、大豆、高粱等，因耕地少，农业在当地经济中所占比例不大。

长山群岛美丽怡人的海滨浴场

富产之乡

山东丘陵

山东丘陵在山东省中、东部，大部分位于黄河以南、大运河以东的山东半岛上，它是一个低缓山岗与宽广谷地相间的丘陵，面积约占半岛面积的70%。除崂山、沂山、蒙山、泰山等少数山峰高过1000米以外，其余大部分地区的海拔高度不足500米。半岛中部的胶莱平原将山东丘陵分隔为鲁东和鲁中丘陵两部分，在鲁中丘陵区分布着一片方山丘陵，当地称为“崮子”，如孟良崮、抱犊崮等。

软枣猕猴桃

梨园景色

温带果木的重要产地

山东丘陵地区粮食作物以小麦、薯类、玉米为主，经济作物主要有大豆、花生、烟草等。山东丘陵地区还盛产多种农林产品，是我国温带果木的重要产地。其中，烟台苹果、莱阳梨、花生、柞蚕等闻名全国，素有“水果之乡”、“花生之乡”等称誉。

位于鲁东丘陵上的崂山分布的药用植物种类有北五味子、细辛、多被银莲花、天冬、崂山百合、穿龙薯蓣、毛穗藜芦、东北天南星、软枣猕猴桃、狗枣猕猴桃、葛枣猕猴桃、二苞黄精、黄柏及胡桃楸等。

该区是药用海洋动物的产区，主要有石决明（盘大鲍）、对虾、刺参、海蛇、海龙、海马、海龟、玳瑁、海豹、海狗、鲸类、鱼脑石和海胆等。本区分布的药用矿物种类不多，主要有云母石、朴硝（元明粉）等。

有为之丘 →

东南丘陵

长江以南，云贵高原以东，直达于海的广大地区，是一片海拔在1000米以下的低山丘陵，统称为东南丘陵。它可以分为三部分，其中，南岭以北，西起武陵山，东至武夷山，湖南和江西两省以及安徽南部的丘陵称为江南丘陵；南岭以南，广东、广西的丘陵称为两广丘陵；另外，在浙闽边境的仙霞岭和闽赣边界的武夷山，是长江与东南沿海独流入海水系的分水岭，这一列东北—西南走向的山脉以东，浙江和福建境内的丘陵，则称为浙闽丘陵。

江南的丘陵水田造就了“鱼米之乡”

植被繁茂

东南丘陵地带性植被为常绿阔叶林，在南岭以南的两广丘陵，自然植被为具有热带色彩的南亚热带季雨林，植物种类复杂，林内攀缘、附生植物甚多，也有不少热带科属分布在海拔500米以下的地方。

农业发达

东南丘陵山间盆地和河谷平原多辟为农田，耕作制度为一年三熟，是中国重要的粮油产区。也适宜栽培亚热带经济林木和作物，如柑橘、樟树、茶叶、油茶、甘蔗等。

富饶的黑土地

东北平原

东北平原位于中国的东北部，在大、小兴安岭和长白山之间，包括黑龙江省、吉林省、辽宁省和内蒙古自治区的一部分。南北长 1000 多千米，东西宽 300～400 千米，面积 35 万平方千米，海拔大部分在 200 米以下，地面辽阔坦荡。东北平原地下蕴藏着石油、煤炭等丰富的矿产资源，著名的大庆油田就位于它的北部。

“北大荒”的形成

东北平原由北部的松嫩平原、南部的辽河平原、东北部的三江平原组成。东北部的三江平原是一个低洼的平坦平原。过去这里是一个山间盆地，每到雨季，三条大江的洪水滚滚而来，一齐涌向这个排水不畅的低洼之地，造成江水泛滥，加之这一地区纬度较高，冬季漫长，气温较低，蒸发微弱，存于地面的积水蒸发不掉，渗不下去，更排不出去，长年累月的积水就使其演变成了中国有名的大沼泽地，成为“除了兔子就是狼，光长野草不打粮”的北大荒。

气候特征

东北平原处于温带和暖温带范围，有大陆性和季风性气候特征。夏季短促而温暖多雨；冬季漫长而寒冷少雪。年降水变率不大，为 20%左右。干燥度由东南向西北递增。一般北方作物都可得到较好生长，辽河平原南部还可栽培棉花和冬小麦，仅松嫩平原北部高粱生长困难。春季低温和秋季霜冻现象频繁。江河两岸和洼地，汛期常有洪涝灾害。

东北平原土地肥沃，资源丰富，是中国重要的粮食、大豆、畜牧业生产基地，也是钢铁、机械、能源、化工基地。

昔日荒凉的北大荒早已成了今日富庶的北大仓。

中国第二大平原→

华北平原

华北平原平均海拔在100米以下，地势低平，土层深厚，土质肥沃。是中国第二大平原，位于黄河下游。

华北平原西起太行山脉和豫西山地，东到黄海、渤海和山东丘陵，北起燕山山脉，西南到桐柏山和大别山，东南至苏、皖北部，与江淮平原相连。延展到北京市、天津市、河北省、山东省、河南省、安徽省和江苏省等7省、市的境域，面积约31万平方千米。

华北平原主要由黄河、淮河、海河、滦河冲积而成，故又称黄淮海平原。黄河下游天然堤横贯中部，分南北两部分：南面为黄淮平原，北面为海河平原。

地理概况

华北平原三面环山，东濒黄海、渤海，是我国最大的冲积平原。这里土地资源丰富，土层深厚，地形平坦，适合大面积机耕。华北平原水利资源也较丰富，有黄、淮、海等河流及其众多的支流可供灌溉，年降水量在450~750毫米间，还有大量可供开发的地下水。但也存在洪、涝、旱、碱（盐碱）等自然灾害的威胁，使这里的有利因素不能得到充分发挥。

华北平原地势平坦，一望无际。

鱼米之乡

长江中下游平原

长江中下游平原是中国第三大平原。西起巫山，东抵海滨，沿长江的干流和支流分布，跨鄂、湘、皖、赣、苏、浙、沪等省、直辖市。它主要由长江及其支流所夹带的泥沙冲积而成，总面积 20 多万平方千米，绝大部分的海拔都在 50 米以下。

平原构成

两湖平原以荆江为界，其北称江汉平原，主要由长江和汉江冲积而成；其南称洞庭湖平原。这里地势北高南低，水网密布，土壤肥沃。

鄱阳湖平原除边缘红土岗丘外，中部的泛滥平原主要是由赣、抚、信、鄱、修等河流冲淤而成，其中又以赣江为主。鄱阳湖平原地势低平，水网稠密。

长江三角洲位于镇江以东，京杭运河以南，杭州湾以北，由长江和钱塘江冲积而成，这里的海拔只有 10 米左右。三角洲上，河网纵横交错，湖泊星罗棋布，素有“水乡泽国”之称。这里的鱼虾、粮食产量在全国占有重要的地位，历史上曾有“苏湖熟，天下足”的说法。

鱼米之乡

长江中下游平原农业发达，是我国重要的粮、棉、油生产基地，盛产稻米、小麦、棉花、油菜、桑蚕、苎麻、黄麻等。河汊纵横交错，湖荡星罗棋布，相当于平原面积的 10%。两湖平原上，较大的湖泊有 1300 多个，加上小湖泊，共计 1 万多个，面积 1.2 万多平方千米，占两湖平原面积的 20%以上，是中国湖泊最多的地方。有鄱阳湖、洞庭湖、太湖、洪泽湖、巢湖等大淡水湖，与长江相通，具有调节水量、削减洪峰的天然水库作用，产鱼、虾、蟹、莲、菱、苇，还有中华鲟、扬子鳄、白鳍豚等世界珍稀动物。其水产在中国占重要地位，是我国著名的“鱼米之乡”。

湿地岛屿

湿地与森林、海洋并称为全球三大生态系统，它是自然界最富有生物多样性和生态功能最高的生态系统，也是人类美丽的生态家园。那柔软的湿地、纯天然的美丽景象，会让你陶醉于大自然的灵慧中。

在我国漫长而曲折的海岸线上，散布着数以千计的岛屿及众多大小不等的半岛。星罗棋布的海岛，如碧海明珠；曲折多变的半岛，似出水芙蓉，把祖国的海岸线点缀得绚丽多彩，美不胜收。

鸟的王国

青海湖鸟岛湿地

青海湖鸟岛，坐落在青海湖西部湾，布哈河入湖三角洲的顶部，河口的北侧。1975 年，这里建立了青海湖鸟岛自然保护区，国家将其列为全国八大重点鸟类自然保护区。1994 年，青海湖鸟岛又被列入《国际重要湿地名录》。

鸟岛沧桑

鸟岛包括蛋岛和海西皮，二者曾以水下浅滩相连。表面由散落的石块及沙砾堆积覆盖。原来鸟岛四周临水，后因湖水退缩及布哈河三角洲的不断扩展，自 20 世纪 70 年代末开始向半岛过渡。

旅游胜地

美丽的青海湖鸟岛，以辽阔、明媚、恬静、雄伟、神奇而著称于世，是鸟儿的乐园，鸟儿的天堂，也是青海湖的一大奇观。

近年来，这优美壮丽的鸟岛风光，奇特的水禽生活，吸引了不计其数的游人前来观光。游客可泛舟湖面观望无际的湖景，欣赏鸟的生活世界，也可漫游草原享受大自然的风光。现在，青海湖鸟岛已成为我国著名的旅游胜地。

广东湛江红树林湿地

广东湛江红树林湿地分布于广东省雷州半岛沿海滩涂，是我国连片面积最大的红树林基地，被人们称为“天然海洋湿地乐园”和“南中国聚宝盆”。现建立的湛江红树林国家级自然保护区面积达200平方千米，其中红树林77平方千米，占全国的33%，占广东省的78%，是目前我国保护红树林湿地面积最大的自然保护区，主要保护对象为红树林生态系统。此自然保护区在控制海岸侵蚀、保持水土和保护生物多样性等方面发挥着越来越重要的作用，也是国际上的重要湿地保护区之一。

海上“森林”

红树林是生长在热带、亚热带海湾、河口滩涂上的木本常绿植物群落，形态婀娜多姿，在潮起潮落中时隐时现，变幻莫测。由于其长期生长在海潮浸淹的盐渍土壤上，所以它形成了一种与环境相适应的、独一无二的生态学特性：具有胎生现象，奇形怪状的呼吸根、支柱根和板根，叶子有泌盐现象等。

红树林下阴凉，浮游生物丰富，栖息着大量鸟类及鱼、虾、贝类。这种奇特的红树林的森林景观具有较高的观赏性、知识性和科研价值。

湛江红树林自然保护区既是留鸟的栖息、繁殖地，又是候鸟的加油站、停留地，成为国际候鸟通道。

北疆明珠

三江平原湿地

被称为“北大荒”的三江平原湿地，位于我国东北部，地处松花江、黑龙江和乌苏里江三江汇合处，是我国东北端一块面积最大、具有原始风貌的典型低地高寒湿地，是世界上仅存的三大黑土湿地之一，也是东北亚鸟类迁徙的重要通道、停歇地和繁衍栖息地。现建立有三江平原自然保护区，并被国际湿地局批准列入《国际重要湿地名录》，成为在国内外颇有影响的湿地类型自然保护区。

在觅食的丹顶鹤

丰富的生物资源

保护区内泡沼遍布，河流纵横，自然植被以沼泽化草甸为主，并间有岛状森林分布，为典型内陆高寒湿地和水域生态系统，保留了原始永久性和季节性淡水沼泽湿地和野生生物特有遗传基因。特殊的自然环境，使这里具有丰富的生物多样性特征。据初步调查，国家一级保护野生动物有白鹳、丹顶鹤、白尾海雕等 9 种，国家二级保护野生动物有大天鹅、白枕鹤、雷鸟、水獭、猞猁等 32 种。区内野生植物资源也比较丰富，有高等植物近 500 种。

重现湿地原始风貌

20 世纪后半叶，人们对三江平原进行了大规模的开发，虽然为国家粮食供应做出了贡献，但大片湿地遭到了破坏。为拯救中国这块唯一保持原始面貌的淡水湿地，各级政府做了大量工作，现基本遏制了乱开滥垦、乱砍滥伐、乱捕滥猎的不法行为，湿地得到了明显的恢复和保护，生物的多样性更加显现。如今，在三江湿地保护区，雁鸭、鸳鸯成群结队在水中嬉戏，丹顶鹤、金雕等搏击长空，马鹿、狍子在草地上奔走觅食，为湿地增添了生机与活力，北大荒的原始风貌又回来了。

东北"金三角"

辽东半岛

辽东半岛是中国第二大半岛，位于辽宁省南部，由千山山脉向西南延伸到海洋中所构成，它的北面边界是鸭绿江口与辽河口的连线，其他三面临海，面积 3.7 万多平方千米。

地质地貌

辽东半岛地质构造属中朝准地台胶辽台隆北部。中生代燕山运动时发生褶皱和断裂。白垩纪后期全区隆起，下辽河、渤海断陷，奠定了辽东半岛现代地貌的地质基础，与此同时花岗岩广泛侵入。第三纪初准平原化。在喜马拉雅运动中，辽东半岛发生广泛的拗曲、断块、隆升和岩浆喷发。中更新世后期，渤海海峡断裂陷落，与山东半岛分开而形成辽东半岛。地貌上成为和长白山地相连的低山丘陵。

蛇岛上生活的蝮蛇

千山山脉构成半岛的脊梁，属于新华夏系隆起带的一部分，北起连山关，南到老铁山，长约 340 千米，一般海拔不到 500 米。鞍山东郊的千山平均海拔 400 米，由花岗岩构成，是东北三大名山之一。千山山脉将辽东半岛分成两大斜面，东南坡较平缓，西北坡较陡峻。

辽东半岛年径流深不到 400 毫米，径流系数多为 40%，夏季流量占全年的 65%，水位涨落迅速。成层地貌发育，海岸类型复杂。一般 30 米及其以上为剥蚀阶地，15~20 米的阶地上多有黄土状堆积物，10 米以下以堆积阶地为主。辽东半岛海岸线长千余千米，沿岸有长山列岛等几百座岛屿，著名的有蛇岛、长山群岛等。

中国最大的群岛

舟山群岛

舟山群岛是中国沿海最大的群岛。位于浙江省东北部，长江口以南，杭州湾外东海中。北起嵊泗列岛花鸟山，南至六横岛，由大小 1390 座岛屿组成。主要岛屿有泗礁山岛、大衢山岛、岱山岛、舟山岛、金塘岛、普陀山岛、朱家尖岛、桃花岛和六横岛等岛屿，其中舟山岛最大，面积 469.3 平方千米，是浙江省第一大岛和全国第四大岛。舟山群岛岛屿总面积 1440 多平方千米。

舟山渔场

舟山群岛地处亚热带季风区，冬暖夏凉，四季分明。附近海域是中国东海大陆架浅海的一部分，海底平坦多泥，台湾暖流和黄、渤海冷水团在此交汇，水温、水质、盐分适宜，又有长江、钱塘江、甬江等大河入海，自然条件优越，为多种鱼类提供良好繁殖、索饵和洄游场所，形成世界著名的舟山渔场。

海上仙山

舟山群岛风光秀丽，气候宜人。这里秀岩嶙峋，奇石林立，异礁遍布，拥有两个国家海上一级风景区。著名岛景有海天佛国普陀山、海上雁荡朱家尖、海上蓬莱岱山等。东海观音山峰峦叠翠，山上山下美景相连，人称东海第二佛教名山。岛上奇岩异洞处处，山峰终年云雾笼罩。黄龙岛上有两块奇石，如同两块元宝落在山崖。大洋山岛溪流穿洞而过，水声潺潺，美丽的景点数不胜数。

华夏宝岛 ➔

台湾岛

台湾岛是中国的第一大岛，位于祖国东南沿海的大陆架上，东临太平洋，东北邻琉球群岛，相隔约600千米；南界巴士海峡，与菲律宾相隔约300千米；西隔台湾海峡与福建相望，最窄处为130千米。台湾扼西太平洋航道的中心，是中国与太平洋地区各国海上联系的重要交通枢纽。

台湾岛上的玉山山脊

赤道雪域

玉山山脉在雪山山脉的南面，西南走向，全长约120千米。玉山主峰海拔3997米，是全岛和中国东南部地区的最高峰。玉山山顶终年积雪，色白如玉，因此被称为“玉山”。雪山山脉位于中央山脉的西北侧，全长180千米，主峰海拔3884米，是台湾第二高峰。阿里山脉是台湾岛最西边的一条山脉，海岸山脉则是台湾岛最东边的山脉。此外，在岛北端还有一个自成体系的由10多座圆锥形火山体组成的大屯火山群。

妈祖文化

福建、台湾等地的居民大多笃信妈祖，他们不仅把她视为航海保护神，而且还作为年岁丰收和人民安居乐业的象征。尤其是在台湾，妈祖文化得到了更大的发展，供奉妈祖的妈祖庙有500余座。

台湾北港妈祖庙是现在台湾妈祖庙中规模最大的一座，它是清康熙三十三年（公元1694年）由树璧禅师迁往台湾的，至今已有几百年的历史。

海南岛

海南岛位于中国最南端，面积 33825 平方千米。北以琼州海峡与广东省划界，西临北部湾与越南相对，东濒南海与台湾省相望，东南和南边在南海中跟菲律宾、文莱和马来西亚为邻，是中国第二大岛。海南岛是中国陆地面积最小、海域面积最大的岛屿。

地形地貌

海南岛地势为穹形山地，中间高，四周低。依次由山地、丘陵、台地、阶地、平原、滩涂组成；其中五指山是海南第一高山，是海南岛的象征，也是我国名山之一，被国际旅游组织列为 A 级旅游点。

南海明珠

海南岛除了有丰富的地下宝藏外，地面上还生长着几乎所有种类的热带作物。海南岛是中国橡胶、椰子、油棕、剑麻、胡椒等热带经济作物的主要产地。附近海域上鱼类群聚，可以捕捉到热带海洋中的许多种鱼类以及龙虾、对虾等，渔业资源十分丰富。

海南岛气候宜人，四季常青，具有迷人的热带、亚热带景观和独具特色的海岛风情，发展旅游业的潜力很大。因此，海南岛被称为南海上的一颗“明珠”。

江河湖泊

在中华大地上，自北往南，由西向东，有着数不清的大江大河，千万年来流淌奔涌，生生不息，它们在人们的心目中，凝结为一种根深蒂固的情结，一种图腾和象征。

湖泊则像镶嵌在大地上的翡翠。它与日月相映、与山石相配所形成的和谐之美，给大自然增添了无限风采。与山脉的伟岸崔嵬、沉雄苍郁相比，湖泊更具有一种宁静淡逸、灵秀幽深的品性。

中国第一大河

长 江

长江是中国第一大河，发源于青海省西南边境唐古拉山脉各拉丹冬雪山。流经西藏、四川、云南、重庆、湖北、湖南、江西、安徽、江苏等省市，在上海市入东海，全长 6300 千米，长度居世界第三位，流域面积达 180.85 万平方千米。

长江是中国水量最丰富的河流，占中国河流径流总量的 36%左右，为黄河的 20 倍。在世界上仅次于赤道雨林地带的亚马孙河和刚果河，居第三位。

庞大的长江水系

长江源头位于青藏高原腹地。源头地区有洁白如雪的雪山冰川，连片的沼泽地，热气蒸腾的泉群和地球上海拔最高的、间有湖泊分布的大面积风积沙丘。

长江源区由正源沱沱河、南源当曲、北源楚玛尔河组成，沱沱河与当曲汇合在一起以后，叫通天河。

通天河流经青海省玉树藏族自治州境内，河道较为顺直，水量充沛。

通天河在玉树接纳巴塘河后进入西藏自治区与四川省交界处的高山峡谷之间，称为金沙江。

金沙江流经著名的横断山脉区。与金沙江相邻的怒江、澜沧江，相互之间距离最近处仅 70 多千米，三条江平行南流。

金沙江穿过云贵高原北侧，流到四川省宜宾市，当它和北面流来的岷江在宜宾汇合之后，才称为长江。

长江水系发达，支流数以千计，流域面积在 1 万平方千米以上的支流有 49 条，嘉陵江、汉江、岷江、雅砻江四大支流的流域面积均在 10 万平方千米以上。长江中下游是中国淡水湖分布最集中的地区，主要有鄱阳湖、洞庭湖、太湖、巢湖等。

美丽壮阔的长江第一湾

复杂多样的地貌类型

长江流域处于中国中部，横贯东西，地跨中国地貌的三大阶梯，面积 180 多万平方千米，高度从江源的海拔 5400 米处降至与海平面相持平的吴淞口。

流域内面积广大，地貌类型复杂，地面高差悬殊，包括极高山、中山、低山、高原、丘陵、平原与盆地等各种形态。按形态成因类型与逐级区划原则，流域内地貌可划分为西部高原高山区（第一大地貌阶梯）、中部中山低山区（第二大地貌阶梯）与东部丘陵平原区（第三大地貌阶梯）。东部丘陵平原区，可再划分为北侧的淮阳低山丘陵区、南侧的江南低山丘陵区与二者之间的长江中下游平原区。另外，还可依次划分出若干三级地貌区和四级地貌区，如江汉平原区、洞庭湖平原区、鄱阳湖平原区、巢湖平原区、长江三角洲平原区、汉中盆地区、南阳盆地区、长江三峡高山峡谷区等。

中华母亲河

黄 河

黄河，中国第二大河，发源于青藏高原巴颜喀拉山北麓海拔 4500 米的约古宗列盆地。经青藏高原的青海、四川、甘肃，黄土高原和鄂尔多斯高原的宁夏、内蒙古、陕西、山西，华北平原的河南、山东，注入渤海，全长 5464 千米，流域面积 75.24 万平方千米。

文明的摇篮

黄河作为中华民族的摇篮和母亲河，传承着几千年的历史文明。中华民族在古老的黄河流域，演出了一幕幕壮丽辉煌的剧目。

距今 10000~7000 年间的细石器文化遗址、距今 7000~3700 年间的新石器文化遗址、距今 3700~2700 年间的青铜器文化遗址和出现于公元前 770 年的铁器文化遗址等几乎遍布黄河流域。

从中石器时代起，黄河流域就成了我国远古文化的发展中心。相传燧人氏、伏羲氏、神农氏创造发明了人工取火技术、原始畜牧业和原始农业，这些拉开了黄河文明发展的序幕。

秦皇汉武，唐宗宋祖，一代天骄成吉思汗，这些帝王带领着中华民族把古代黄河文明推向了令世界瞩目的辉煌顶峰。火药、指南针、造纸、印刷术、唐诗、宋词、元曲都是黄河文明中闪闪发光的瑰宝，不仅极大地推动了中国文明的发展进程，而且促进了全人类的进步。

黄河文明以其巨大的凝聚力和创造力，带领中华民族像长流不息的滔滔黄河，奔向美好的未来。

“楚河汉界”的由来

中国象棋棋盘上有“楚河汉界”，“楚河汉界”指的是河南省荥阳市黄河南岸广武山上的鸿沟。沟口宽约 800 米，深达 200 米，是古代的一处军事要地。西汉初年楚汉相争时，汉王刘邦和西楚霸王项羽仅在荥阳一带就爆发了“大战七十，小战四十”，因种种原因项羽“乃与汉约，中分天下，割鸿沟以西为汉，以东为楚”，鸿沟便成了楚汉的边界。现在鸿沟两边还有当年两军对垒的城址，东边是霸王城，西边是汉王城。

年轻的河流

据对地质演变历史的考证，黄河是一条相对年轻的河流。在距今有 115 万年的早更新世，流域内还只有一些互不连通的湖盆，各自形成独立的内陆水系。此后，随着西部高原的抬升，河流侵蚀，历经中更新世后，各湖盆间逐渐连通，构成黄河水系的雏形。到距今 10 万 ~1 万年间的晚更新世，黄河才逐步演变成为从河源到入海口上下贯通的大河。

黄河畔的水力发电站

水资源的开发利用

目前，黄河流域内已建成各型水库 3147 座，总库容 574 亿立方米，引水工程 4600 多处，提水工程 2.9 万处，干流设计引水能力已超过每秒 6000 立方米。其中从龙羊峡至青铜峡河段，川峡相间，河床比降大，蕴藏着丰富的水力资源。

内蒙古河套平原十分干旱，在其西部，年降水量不到 200 毫米。这里“无水是荒漠，有水成绿洲”。黄河水给这里的工农业生产创造了极好的条件。

塞外江南

伊犁河

默默滋润草原的伊犁河

伊犁河位于伊宁市郊 16 千米处，全长约 1500 千米（在我国境内长 601 千米，流域面积约 6.02 万平方千米），是新疆水量最丰富的河流。

美丽神奇的伊犁河

伊犁河上游有三大支流：特克斯河、巩乃斯河和喀什河。特克斯河是主源，发源于汗腾格里峰北侧。伊犁河向西流至伊宁途中有喀什河流入，以下进入宽大的河谷平原，河床开阔，支流众多，渠系纵横。伊犁河的中、下游水流平缓，在我国境内雅马渡至国境段可通航汽轮。

在伊宁附近河床宽达 1 千米以上，河滩漫布，水道网织，多沙洲岛屿，风景秀丽。在丝绸之路的天山段，伊犁河流域风光之美，不知倾倒了多少人，而伊犁河之行旅艰难，也不知难倒了多少人。

如今著名的野马渡大桥、喀拉塔姆大桥和距伊宁市西南面 16 千米的伊犁河大桥，已化天堑为通途。

古时的塞人、月氏人、乌孙人、突厥人等生活在此河流域，唐代西征大军和成吉思汗的蒙古铁骑曾凭着木筏泅渡滔滔河水。

独特的地质、地貌和气候孕育了伊犁优越的自然条件和美丽神奇的自然景观。美丽的伊犁河谷森林茂密，草原辽阔，牛羊遍野。“不到新疆不知中国之大，不到伊犁不知新疆之美”，这句话形象地概括了伊犁的美丽与富饶。

塞外江南

千万年来，伊犁河一直静静地流淌在北疆大地，养育着两岸各族人民，因此，伊犁河被伊犁人民誉为“母亲河”。

伊犁河谷不仅是新疆的主要粮仓，还拥有丰富的草场资源、森林资源和矿产资源，是新疆野生动物最为繁多的地区。

伊犁是伊犁河谷上的一颗明珠，素有“塞外江南”的美称。之所以被称作“塞外江南”，是因为在多沙漠、戈壁的新疆，伊犁独秀一方，境内水资源丰富，绿洲遍布。

伊犁这个名字源于其境内一条名为伊犁河的河流。这里三面临山，伊犁河犹如血脉一样贯通全境。

伊犁水源充足，境内有 200 多条大大小小的河流。丰富的河水滋润着伊犁大地，使美丽的伊犁河谷林木茂盛，草原青青，牛羊遍野。得天独厚的地理条件孕育了丰富的动植物资源，天山深处分布有大片野果林、野核桃、雪岭云杉等世界罕见的珍稀树种。伊犁现已建成自然保护区，成为世界野生果树资源和生物多样性的重要保护地。

伊犁是美丽的。伊犁人是这样形容自己的家乡的：伊犁是用大自然的色彩板块构成的，蓝色的天空、白色的云杉、银色的冰峰、绿色的草原，绿色、蓝色、白色、银色构成了绚丽多彩的伊犁。

西域“生命之河”

塔里木河

塔里木河附近的胡杨林

塔里木河是中国最大的内陆河，也是世界著名的内陆河之一，流域面积 19.8 万平方千米，涵盖了我国最大盆地——塔里木盆地的绝大部分，是保障塔里木盆地绿洲经济、自然生态和各族人民生活的生命线，被誉为“生命之河”、“母亲之河”。

“绿色走廊”的千古悲歌

塔里木河全长 2137 千米，是全国重要的商品棉基地、果品基地和石油化工基地，被新疆各族人民亲切地称为“母亲河”。

塔里木河原本是一条奔涌不息的河流，创造了楼兰古城、丝绸之路、龟兹文化、尼雅古城等闻名于世的绿洲文明。

从 20 世纪 50 年代开始，塔里木河生态环境急剧恶化。由于开荒造田，修渠引水，造成水资源严重浪费，使得成片的胡杨林枯死。据国家综合科学考察队统计的资料显示，在塔里木河下游断流的 27 年中，胡杨林面积减少了 70 万亩，平均每年减少 2 万亩左右，目前仅剩十几万亩。

胡杨林面积减少，导致气温上升，旱情加重，风沙灾害频繁，土地沙化速度惊人，“绿色走廊”岌岌可危。

资源丰富

准备起飞的苍鹰

塔里木河流域森林资源按起源分为天然林和人工林两大类。天然林资源包括山区天然林和平原天然林，其中平原天然林主要由平原胡杨林、河谷林和荒漠灌木林组成；人工林主要包括用材林、防护林、经济林、薪炭林。

塔里木河流域草地资源丰富，类型繁多，面积辽阔。塔里木河流域草地总面积238984平方千米，占全疆草地面积的41.7%，占流域土地总面积的22.48%，其中可利用草地面积199514平方千米，占全疆可利用草地面积的41.56%。

流域内草地类型繁多，新疆11个大类的草地在这里均有分布。其中山区草地类型共分10个大类，27个亚类，广泛分布于天山、昆仑山和帕米尔高原；平原区草地类型较少，只有温性荒漠、低平地草甸和沼泽草地3个大类，11个亚类。

塔里木河流域是新疆矿产资源开发前景良好的区域之一，境内矿产种类齐全，含量丰富，其中探明储量大、有巨大开发前景的矿产资源主要有石油、天然气、蛭石、石棉、石灰岩、云母等。

在塔里木河流域山区，分布着许多珍稀兽类，如盘羊、北山羊、岩羊、马鹿、雪豹、猞猁、棕熊等。

平原荒漠区兽类主要有野骆驼、鹅喉羚、塔里木马鹿、野猪、沙狐、草原斑猫、塔里木兔等，在高山上有兀鹫、秃鹫、胡兀鹫、雪鸡、黄嘴山鸦、高山岭雀、雪鸽、雪雀等，山地森林有苍鹰、松鸡、啄木鸟、斑鸠等，在草原上有草原雕、红隼、红嘴山鸦、椋鸟、百灵等。而巴音布鲁克天鹅保护区是我国大天鹅夏季的集中繁殖地。

在塔里木河各水系中，分布有多种土著鱼类种群，以新疆大头鱼和塔里木裂腹鱼为典型代表。

塔里木河流域内的珍稀兽类雪豹

金沙江最大支流

雅砻江

雅砻江源于青海巴颜喀拉山南麓，自西北流向东南，其中在理塘河口河道转向北东再折回南流，绕锦屏山形成著名的雅砻江大河湾，于攀枝花汇入长江，是典型的峡谷河流。雅砻江长 1571 千米，总落差 4420 米，流域面积 12.8 万平方千米。其主要支流自上而下有鲜水河、力丘河、理塘河、九龙河、安宁河等。雅砻江流域地跨四川、青海、云南 3 省的 29 个县市，是以藏、汉、彝族为主的多民族地区。

有“小金沙江”之称的雅砻江

资源宝库

自然资源十分丰富，尤以森林、矿产、水力三大资源著名，还有大量的土地资源和野生动植物资源。流域内的森林是我国西南林区的重要组成部分。

矿产资源主要分布在中下游，以铁矿为主，著名的攀西钒钛磁铁矿储量居全国第二位。

流域内水量丰沛，落差集中，水能理论蕴藏量占长江流域总蕴藏量的 12.5%，为我国水电“富矿”之一。

中国的国际河流 →

怒江

怒江又名潞江，全长3200千米，流域面积32.5万平方千米。怒江发源于青藏高原的青海唐古拉山麓，上游因江水深黑，因此我国古代的地理著作将其称之为黑水。上游藏语叫“那曲”即“黑水河”，流入他念他翁山和伯舒拉岭之间的峡谷中，始称“怒江”。它先向东流而后向南流，沿横断山脉与澜沧江平行，从云南省的西南部流入缅甸后称萨尔温江，最后流入印度洋的安达曼海。

壮观的怒江大峡谷

怒江在高黎贡山和碧罗雪山的夹击下，流淌艰难，在大山之中前冲后撞，左突右闯。然而巍峨的高黎贡山和碧罗雪山寸步不让，反而步步紧逼，以致把两山之间的距离拉至一箭之遥，不足百米。愤怒的怒江像一匹脱缰的野马，更像一头被猎人追赶的野猪，嘶鸣着、发怒着。在地球的东方犁出一条长约300千米的大沟谷，从谷底到极峰相差达4000米，创造了世界上最著名、最壮观的峡谷之一——怒江大峡谷。

动物王国

怒江州有“小动物王国”之称，已知野生动物有474种，如云豹、孟加拉虎、白眉长臂猿等；鸟类283种，如红腹角雉、灰腹角雉、黑腹角雉等；爬行动物24种；鱼类44种；昆虫种类达1690多种。在这些动物种类中，有些种类不仅在国内，在世界上也是独一无二的。

珠　江

珠江是广州的母亲河，全长2200多千米，流域面积为45.26万平方千米，其中我国境内珠江流域面积为44.26万平方千米，另有1万多平方千米在越南境内。珠江水资源相对比较丰富，径流总量仅次于长江，是黄河的6倍。

水资源丰富

珠江以支流众多、水道密集著称。珠江水系主要由西江、北江和东江组成，干支河道呈扇形分布，形如密树枝状。

西江是珠江水系的主流，发源于云南省沾益县马雄山，干流流经云南、贵州、广西、广东等省（自治区），流域面积35.3万平方千米。自江源至出海口依次称南盘江、红水河、黔江、浔江、西江。其主要支流有北盘江、柳江、郁江、桂江、贺江等。

北江的正源是浈水，发源于江西省信丰县西溪湾，干支流大部分都在广东省境内，流域面积4.67万平方千米，干流全长468千米，总落差310米。

东江的上游寻乌水发源于江西省寻乌县大竹岭桠髻钵，干流流经广东省东部，流域面积2.7万平方千米，干流全长523千米，总落差440米。

珠江三角洲是东、西、北三江下游的复合三角洲，有磨刀门等八大出海口。珠江水系干支流总长36000千米，通航总里程14000多千米，约占全国内河航运里程的1/8，水运居全国第二位。

丰饶的自然资源

1.土地资源

珠江流域面积为45.26万平方千米，绝大部分位于我国境内，土地资源十分丰富，共66300万亩，其中耕地面积7200万亩，水田面积3960万亩，林地18900万亩。

2.水资源

珠江流域水资源总量5182亿立方米，其中珠江流域水资源总量就达3367亿立方米，其水量在全国七大江河中排名第二，仅次于长江。

受地形和季风活动的影响，流域内存在明显的径流高值区和低值区，高值区如桂、柳、贺江上中游地区，海南的东南部地区，以及北江中下游地区，其多年平均径流深可达1000~1600毫米；低值区如滇东南地区，南盘江上游，红河上游及河谷地区，仅为50~300毫米。由于水资源时空分布不均，流域洪、涝、旱灾害频繁，水资源配置难度大。

3.矿产资源

珠江流域内已探明的矿藏资源有58种，其中矿石储量在亿吨以上的有煤、铁、硫、锡、钨、铝、锰等25种，还有金、铀、钛、铌、钽等珍贵矿藏。较著名的矿区有贵州的六盘水煤矿，广西的南丹大厂矿、平果铝矿、大新下雷锰矿、象州重晶石矿、梧州东南的金矿、岑溪的钛铁矿，广东的云浮硫铁矿，云南的个旧锡矿等。另外珠江口外的南海蕴藏有丰富的石油和天然气，现正对其进行勘探开发。

广州珠江沿岸的夜色美轮美奂

北亚最长的河 →

黑龙江

黑龙江跨中国、俄罗斯、蒙古三国，以石勒喀河及鄂嫩河为源，全长4370千米，是世界第八大河，中国的第三大河，其长度略次于黄河。

冬季，被冰雪覆盖的黑龙江，壮美而妖娆。

水能资源

黑龙江的支流共有200多条，较大的有松花江、乌苏里江、结雅河、布列亚河等。其中松花江为黑龙江最大支流。另一支流乌苏里江，长905千米，流域面积18.7万平方千米，年径流量为630亿立方米。

黑龙江流域位于寒温带和温带，具有明显的季风气候。黑龙江是以雨水补给为主、积雪融水补给为辅的河流，全部径流中雨水补给占75%～80%，融雪水补给占15%～20%，地下水补给占5%～8%。黑龙江蕴藏的水能资源十分丰富，总量约为3200万千瓦，并出产有多种具有较高经济价值的鱼类。

多姿多彩的原始生态

黑龙江是世界上较少的未受污染的河流。沿途两岸保持着原始生态，多姿多彩，沿江两岸有百余千米的高山峡谷、宽阔无垠的平原，星罗棋布的滩涂岛屿、天象奇观，茂密的森林和众多的野生动植物等。

中国最大的咸水湖

青海湖

湖水蔚蓝的青海湖

青海湖在距今200万~2万年间由于地壳运动而形成一个断陷湖盆，湖盆积水开始流入黄河，后因周围山地升高，阻塞了湖水流出，便形成今日的内陆湖泊。其位于青海省东北部的大通山、日月山、青海南山之间，古代称为“西海”，面积达4340平方千米，环湖周长360多千米，青海湖水平均深约19米，最大水深为27米，蓄水量达1050亿立方米，湖面海拔为3193.92米，比两个泰山还要高。

青海湖有布哈河、甘子河等40余条河注入其中，而没有外流出口，因而成为中国最大的内陆咸水湖。

青海湖的传说

相传远古时，青海湖只是草原上一眼深不见底的大泉，泉眼上有一个很大很重的石盖。有一年，一个道士路过此地，因口渴便施法术打开石盖喝水。喝完水后，那道士忘记将石盖盖在泉上便转身离去，结果泉水不断涌出，转眼成为一片汪洋。情急之下，道士急忙挥剑将附近一座小山拦腰斩断，扔进水中，压住了泉眼。可是水已淹没了大片的草原，这样便形成了青海湖和湖心的海心山。

湖光山色

青海湖中有海心山、三块石、鸟岛、海西山、沙岛五个形态各异的岛屿，山峦叠翠，景观独特。

青海湖景色四季差异鲜明。春夏，山清水秀，百鸟争鸣；秋冬，白雪皑皑，湖面冰封。沿湖两岸有辽阔的天然牧场，冬季多雪，夏秋多雨。青海湖美丽而且富饶，牧草丰美，有着发展牧业的优良条件，现已成为青海省重要的牧业基地；这里最有名的水产当数味道美、营养高的湟鱼。

"天堂之湖"→

纳木错

纳木错，又称灵湖或神湖，纳木错的藏语意为“天湖”，是西藏三大圣湖之一。位于西藏自治区拉萨市当雄县和那曲地区的班戈县之间，念青唐古拉山北麓，拉萨市区以北大约190千米，是藏传佛教的著名圣地。纳木错的北侧是连绵的高原丘陵，东南部是海拔7111米、终年积雪的念青唐古拉山的主峰。

纳木错是世界上最高的大内陆湖，也是中国的第二大咸水湖，湖面海拔4718米，湖水清澈透明，湖面呈天蓝色。

独特的喀斯特地貌

纳木错是第三纪末和第四纪初，喜马拉雅造山运动凹陷而形成的巨湖，后因西藏高原气候渐趋干燥，纳木错面积大为缩减。现存的古湖岩线有三道，最高一道距现在的湖面约80米。

湖中5个岛屿兀立于万顷碧波之中，其中最大的良多岛面积1.2平方千米。佛教徒们传说它们是五方佛的化身，凡去神湖朝佛进香者，莫不虔诚顶礼膜拜。

此外还有5个半岛从不同的方位突入水域，其中扎西半岛，也叫吉祥爱情岛，是纳木错最大的半岛，也是游览纳木错最重要的景点。

自然美景

天湖纳木错像一面巨大宝镜，镶嵌在藏北的草原上。湛蓝色的天、碧蓝色的湖、白雪、绿草、牧民的牛毛帐篷及五颜六色的山花，交相辉映，组成一幅大自然美丽、动人的画面，身临其境，无不感到心旷神怡。

纳木错有罗萨、打尔古藏布、查哈苏太等河注入。湖的周围是广阔无垠的湖滨平原，生长着蒿草、火绒草等草本植物，是水草丰美的天然牧场，全年均可放牧。

长江腰上的"宝葫芦"

鄱阳湖

鄱阳湖古称彭蠡泽，在中国江西省九江市南部，面积达 2933 平方千米（在湖口最高水位 21.71 米时面积可达 3283.4 平方千米），是我国的第一大淡水湖。南北长 173 千米，东西最宽处达 74 千米，平均宽 16.9 千米，湖岸线长 1200 千米，平均水深 8.4 米，最深处 25.1 米左右，它承纳赣江、抚河、信江、饶河、修河五大河。经调蓄后，由湖口注入我国第一大河——长江，每年流入长江的水量超过黄、淮、海三河水量的总和，是一个季节性、吞吐型的湖泊。其水系年均径流量约占长江流域年均径流量的 16.3%。

鄱阳湖的形成

鄱阳湖有一个从无到有、从小到大的漫长演变过程。远在地质史元古代时期，湖区为"扬子海槽"的一部分，在八九亿年前的燕山运动时期，湖区地壳又经断陷而构成鄱阳湖盆地雏形。

传说中的黄帝时期，彭蠡泽向南扩展，湖水进抵今鄱阳湖。在彭蠡泽大举南侵之前，低洼的鄱阳湖盆地上原本是人烟稠密的城镇，随着湖水的不断南侵，鄱阳湖盆地内的鄱阳县城和海昏县治先后被淹入湖中，而位于海昏县邻近较高处的吴城却日趋繁荣，成为江西四大古镇之一，因此，历史上曾有"淹了海昏县，出了吴城镇"之说。

吴城是由沉积岩构成的平缓"小岛"，最高处在狮子山，高为 45.01 米。地层断裂和河水侵蚀共同作用形成了吴城现在的地貌。鄱阳湖自然保护区在仲夏洪水季节各湖全部被淹，只留下少数的山头和人工修建的湖堤。当水位下降到 17 米时，开始出现陆地。鄱阳湖自然保护区的北面是吉山沙丘，吉山高 84.7 米。沙丘的形成可能是由北风刮起的较粗沙砾于湖岸堆积而成。

如诗如画的鄱阳湖

烟波浩渺、水域辽阔的鄱阳湖，经过漫长的地质演变，形成南宽北狭的形状，犹如一只巨大的宝葫芦系在万里长江的“腰带”上。由于受带有大量水蒸气的东南季风的影响，鄱阳湖年降雨量在1000毫米以上，从而形成“泽国芳草碧，梅黄烟雨中”的湿润季风型气候，并成为著名的鱼米之乡。

珍禽王国

鄱阳湖国家级自然保护区是一个举世瞩目的“珍禽王国”。每年4~9月为汛期，湖水上涨，这时鄱阳湖一片汪洋，鱼、虾、螺、蚌及水草大量繁殖。10月至翌年3月为枯水期，水位大降，湖水面积减至500平方千米左右，形成大面积的湖滩、草洲、沼泽湿地、浅水湖泊。水退之后，水草、螺、蚌等便成为候鸟丰盛的食物。

白鹤是珍禽中的珍禽，属于世界性稀少鸟类。体长达135厘米，身上羽毛洁白，但翅的前端是黑色，故又称“黑袖鹤”。它有棕黄色长刀状的嘴，粉红色的长腿，是“一夫一妻”制，寿命可达70多岁，因此被国人神化为“仙鹤”，成了幸福吉祥的象征。

白鹤以三只为一家族，一对成年白鹤每年产卵两枚。由于出生后的两只幼雏互相间不断地斗殴，直至强者消灭弱者方休，传说这是白鹤自身的一种淘汰方式，习惯过“独生子女”生活。

1989年，鄱阳湖白鹤达2600余只，占全世界白鹤总数的95%。因此，鄱阳湖被称为“白鹤世界”。

鄱阳湖天鹅之舞

这里还有其他珍禽，如白鹳、黑鹳、大鸨、小天鹅、白琵鹭、鸳鸯、鹈鹕、白额雁等珍稀鸟类。由于保护区内鸟类密集，时常可见“飞时遮尽云和月，落时不见湖边草”的壮美景观。

因此，这里成了中外游客冬季观鸟旅游的最佳天地。暮秋之后，鄱阳湖区会有成千上万只候鸟飞临，构成一幅生动的“落霞与孤鹜齐飞，秋水共长天一色”画卷，是鄱阳湖的一大胜景。

洞庭湖

碧波荡漾的洞庭湖清秀旖旎

洞庭湖古称“云梦泽”，为我国第二大淡水湖，长江中游重要吞吐湖泊。面积24325平方千米，湖面海拔33米，最深达23.5米，贮水量155.42亿立方米。北连长江，南接湘、资、沅、澧四水，号称“八百里洞庭湖”。洞庭湖的意思就是神仙洞府，可见其风光之绮丽迷人。

洞庭湖的形成

洞庭湖是燕山运动断陷所形成，从第四纪至今，其均处于振荡式的负向运动中，形成外围高、中部低平的碟形盆地。盆缘有桃花山、太阳山、太浮山等500米左右的岛状山地凸起，环湖丘陵海拔在250米以下，滨湖岗地低于120米者为侵蚀阶地，低于60米者为基座和堆积阶地。

鱼米之乡

洞庭湖物产极为丰富。湖泊以定居性鱼类为主，有咸淡水洄游性鱼类和江湖半洄游鱼类114种，隶属12目，23科，70属，以鲤科为大宗，有63种，占55.3%。主要经济鱼类有草、鲢、鳙、鳊、鲂、鳜等12种。

此外，洞庭湖还盛产罗汉竹、方竹、实竹、紫竹、斑竹、毛竹等竹类产品，名茶种类亦很繁多。洞庭湖的“湖中湖”——莲湖盛产驰名中外的湘莲。湘莲颗粒饱满，肉质鲜嫩，历来被视为莲中珍品。

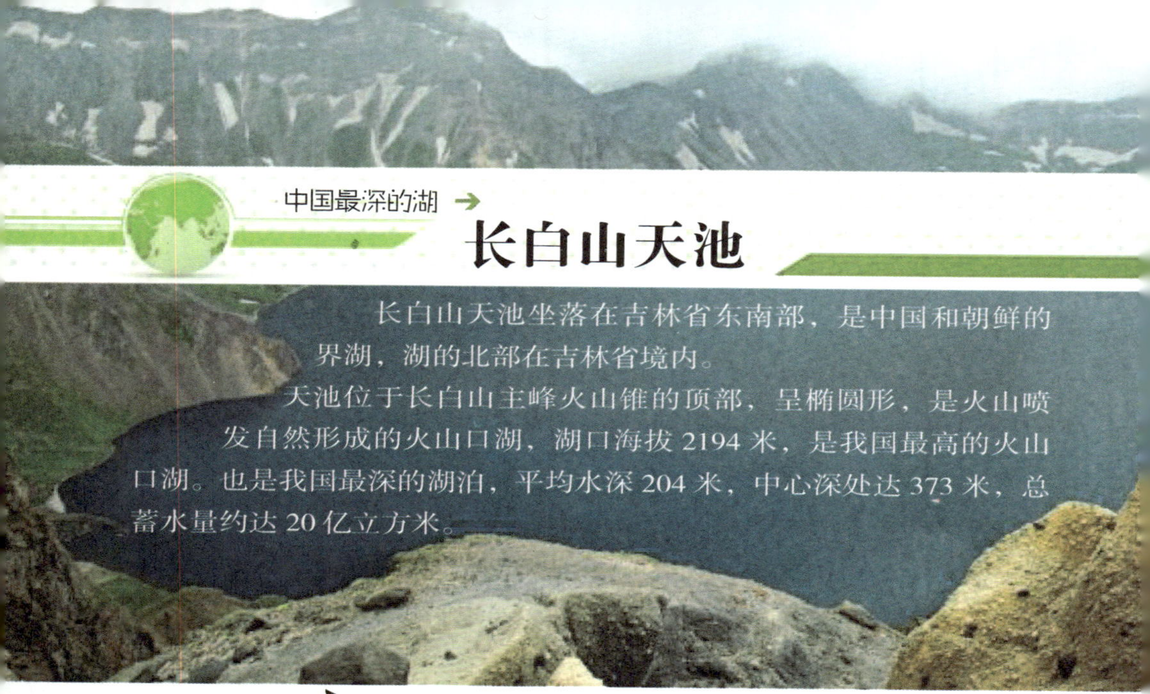

中国最深的湖 →

长白山天池

长白山天池坐落在吉林省东南部，是中国和朝鲜的界湖，湖的北部在吉林省境内。

天池位于长白山主峰火山锥的顶部，呈椭圆形，是火山喷发自然形成的火山口湖，湖口海拔 2194 米，是我国最高的火山口湖。也是我国最深的湖泊，平均水深 204 米，中心深处达 373 米，总蓄水量约达 20 亿立方米。

群山环抱的长白山天池，宛如镶在群山中的一颗璀璨的蓝宝石。

奇异景观

在远古时期，长白山原是一座火山。据史籍记载，自 16 世纪以来它爆发了 3 次。当火山爆发喷射出大量熔岩之后，火山口处形成盆状，时间一长，在雨水、雪水和地下泉水的作用下，积水成湖，便成了现在的天池。而火山喷发出来的熔岩物质则堆积在火山口周围，成了屹立在四周的 16 座山峰，其中 7 座在朝鲜境内，9 座在我国境内。这 9 座山峰各具特点，形成奇异的景观。

天池湖面面积 10 平方千米，是一个巨大的天然水库。在周围 16 座山峰的环抱中，沉静清澈的天池犹如碧玉一般，给人以神秘莫测之感。

天池的传说

据说，天池原是太白金星的一面宝镜。王母娘娘有两个花容月貌的女儿，谁也说不好姐妹俩究竟谁更美丽。

在一次蟠桃盛会上，太白金星掏出宝镜说，只要用它一照，就能分辨出谁更美。小女儿先接过镜子，照了照，便羞涩地递给了姐姐。姐姐对着镜子左顾右盼，越看越觉得自己漂亮。这时，宝镜说话了：“我看，还是妹妹更漂亮。”姐姐一气之下，当即将宝镜抛下瑶池，落到人间变成了天池。

泸沽湖

清澈宁静的泸沽湖日夜守护着这片风光旖旎、风俗独特的“女儿国”。

泸沽湖位于四川盐源县和云南交界处，水域面积达 48.45 平方千米，湖面海拔 2609.7 米，最深处 90 余米，透明度高达 11 米。泸沽湖有三岛：阿候岛（亦称土司岛）、木候岛（岛上有喇嘛庙）以及左所岛。泸沽湖边有座狮子山，海拔 3800 米，为摩梭人信奉的女神山，主宰这里的农事丰歉、人丁兴衰和男女爱情。狮子山附近的山都是男神山，这些男神山都是女神山的“阿夏”（爱侣）。

世外桃源

泸沽湖随四季的变化各具特色。阳春三月，湖周围桃花梨花盛开，争奇斗艳；炎热的夏天，湖水碧绿，雨后云雾缭绕，周围黛色丛林中，间杂着盛开的红白杜鹃花，景色宜人，凉爽无比，好一个避暑胜地；金色的秋天，大地一片黄澄澄，湖周围青山环绕、森林茂密、古树参天、流水潺潺；冬天，泸沽湖波光粼粼，野鸭成群。泸沽湖因为它那天然、奇妙、幽静的风光，成为人间难得的仙境和旅游胜地。

滇 池

滇池在云南省昆明市郊，是一颗高原“明珠”，湖面积 298 平方千米，湖面海拔 1886.3 米，南北长 40 千米，东西最宽处 12.5 千米。

滇池是我国第六大淡水湖，是国家级风景名胜区之一。滇池水域群山环抱，河流纵横，良田万顷，人称“高原江南”。

历史文化名城

昆明因滇池而成，滇池为昆明添彩。远在 3 万年前的旧石器时代，滇池周围地区就有人居住。自元代以来，昆明就是云南的政治、经济、文化中心，那里人文荟萃，古迹众多，是中国著名的历史文化名城。

滇池地区有 5 处国家级、32 处省级、21 处市级、77 处县区级重点文物保护单位，有石窟寺、古遗址、古墓群、碑刻等历代文物古迹。

生态危机

滇池水域面积的不断缩小，使滇池环境容量迅速下降。同时由于滇池流域的生态破坏和环境污染，严重破坏了滇池的水体质量。

如果说滇池环境容量的缩小主要在古代，那么，滇池水体污染则主要在当代。20 世纪有民谣道：50 年代淘米洗菜，60 年代洗衣灌溉，70 年代水质变坏，80 年代鱼虾绝代，90 年代还在受害。这是滇池污染渐变过程的真实写照。50 年代，滇池的水生高等植物十分丰富，植被占湖面的 90% 以上。到 70 年代末期，植被面积不到 20%。海菜花群落为滇池的主要特征之一，60 年代前，草海曾因海菜花繁茂而被称为“花湖”。70 年代海菜花已寥寥无几。如今，海菜花已被水葫芦取代，水体向富营养化发展，藻类增殖，蓝藻、绿藻在整个水域占了优势。

皖中明珠 →

巢湖

波光粼粼的巢湖

巢湖，古称焦湖，位于安徽省中部，江淮之间，是我国五大淡水湖之一，典型的浅水性湖泊。

湖区处于著名郯（城）庐（江）断裂带上，湖盆系由断层陷落而成，因湖形呈鸟巢状，因此得名。

皖中明珠

巢湖湖水较浅，岸线曲折，多湖湾和岬角，有“七大滩湾和十五嘴头”。

湖底组成物质以沙土和黏土为主，湖水透明度0.15~0.25米。巢湖烟波浩渺，水域辽阔，四周河沟渠道360多条，纵横交错，曲折回环；沿岸山矶耸立，沙滩众多，湖中有山，山中有水，湖光山色，交相辉映，似“一面宝镜”，素有“皖中明珠”之称。

物产丰富

巢湖地处北亚热带，农作物以水稻、小麦、棉花、油菜、花生为主，年可二至三熟。巢湖水产资源丰富，全湖计有鱼类94种，虾蟹类4种，以产银鱼、白虾和湖蟹著名，被誉为“三珍”，也是全国十大商品鱼类的生产基地之一。

银水金岸

洪泽湖

每年冬季，都会有大量候鸟来到洪泽湖东部湿地栖息过冬。

洪泽湖是我国五大淡水湖之一，位于江苏省西部，发育在淮河中游的冲积平原上，原是泄水不畅的洼地，后潴水成许多小湖。在秦汉时期，它们被称为“富陵”诸湖。其中以洪泽湖最大，面积 1577 平方千米，明清两代因黄河夺淮入海，下游河道淤塞，水流不畅，加之人工蓄积，淮河水在此大量汇集，形成今日水面浩瀚的洪泽湖。

碧波连天

洪泽湖是一个浅水型湖泊，水深一般在 4 米以内，最大水深 5.5 米。湖水的来源除大气降水外，主要靠河流来水。流注洪泽湖的河流集中在湖的西部，有淮河、濉河、汴河和安河等。

日出斗金

洪泽湖不仅在淮河流域水利调节上起着重要作用，而且是个风光秀丽、人文景观众多、水产资源丰富的“宝湖”，素有“日出斗金”、“水上花园”之称。

洪泽湖鱼类共有 16 科 84 种，主要经济鱼类有 20 余种，虾、蟹亦为重要水产品。由于人工放养蟹苗成功，螃蟹捕捞量增加到总捕捞量的 1/5，成为江苏省的螃蟹新兴产地。湖区有野鸭、獐鸡等野禽，尚有在此越冬的丹顶鹤、天鹅等珍稀动物。湖西侧浅水湖滩有水生植物 30 多种，盛产芦苇、茭草、芡实、莲藕、菱角等，其中芦苇分布面积约 40 平方千米，最高年产芦苇 5 万 ~8 万吨。沿湖渔港有高良涧、三河闸、老子山、临淮头、尚咀头和高渡嘴等。湖畔的洪泽盐矿已正式开采。

淡妆浓抹总相宜

西 湖

西湖古称金牛湖、明圣湖，又名钱塘湖，雅号西子湖，因地处著名的城市杭州西郊而得名。

西湖的形成

西湖是潟湖，潟湖一般是这样形成的：首先，海洋与陆地的海岸线受海浪的冲击、侵蚀，其形态在不断地发生着变化，然后是海岸线由平直变成弯曲，形成海湾，海湾口两旁往往由狭长的沙嘴组成，最后，狭长的沙嘴愈来愈靠近，海湾渐渐与海洋失去联系，而形成潟湖。

雷峰塔下的西湖水波粼粼

西湖美景

南宋迁都杭州，给西湖带来了又一次繁华，出现了名传千载的“西湖十景”，即平湖秋月、苏堤春晓、断桥残雪、雷峰夕照、南屏晚钟、曲院风荷、花港观鱼、柳浪闻莺、三潭印月、双峰插云，十景美名广为流传，成为西湖风景的代表。

西湖是一首诗，一幅天然图画，一个美丽动人的故事。不论是居住在这里多年的人，还是匆匆而过的旅人，无不为这天下无双的美景所倾倒。

火山博物馆

五大连池

五大连池位于黑龙江省五大连池市境内，面积 26.2 平方千米，地处松嫩平原与大兴安岭的接壤地带，主体——五大连池火山是我国著名的年轻火山群之一，距今仅有 200 年历史。

五大连池的玄武岩石海

火山熔岩冰雪洞

奇特的地貌类型

五大连池火山群保存有完好的火山口和各种火山熔岩构造，如多层流动单元构造、结壳熔岩构造、渣状熔岩构造、喷气溢流构造、熔岩隧道构造等，以及浩渺的熔岩海，堪称火山奇观。

在火山喷溢而形成的玄武岩地上，遗留下极其丰富的微地貌景观，如熔岩洞穴、造型各异的熔岩流、喷气锥及火山喷发物火山灰、火山弹等。

神奇瑰丽的自然景观

五大连池堪称“山秀、石怪、水幽、泉奇”。

鳞次栉比的喷气锥群、千姿百态的熔岩惟妙惟肖，令人目不暇接。富有神奇色彩的“火山冰洞”，实乃天下一绝，盛夏酷暑时节，当你步入洞中，立感寒气袭人，暑气顿消，仿佛置身于水府冰宫；而寒冬时节的“温泊云雾”又是美妙喜人。

五大连池风景区是联合国“人与生物圈”保护组织成员单位，是我国首批世界地质公园之一。世界旅游组织专家考察五大连池时盛赞这里是“世界顶级旅游资源”。

7 绿海黄沙

森林雄伟壮丽、浩瀚无垠。风过似一片绿色的海，夜来如一堵坚固的墙。畅游于林海森堡中，城市的喧嚣与浮躁从人们的心中渐去渐远，取而代之的是一种宁静自然。一切都是那样恬静与安详……

草原之美，美在自然，美在淳朴。蓝天、白云、绿草、碧湖，牛羊悠闲，炊烟袅袅……这一切无不令人为之心驰神往。

雄浑而纯净的沙漠是世界上最令人震撼的景观之一。放眼望去，一座座被风修饰得精美绝伦的沙丘似千变万化、柔美无比的如水波纹；低头看去，脚下的沙丘刻满精致，千姿百态，让人不忍踩踏……

沙漠英雄

轮台胡杨林

在轮台南 40 多千米处的塔克拉玛干大沙漠腹地，有着一处百鸟欢鸣、花鲜蜂飞的地方，这里生长着大片的胡杨林，非常壮观。

胡杨是杨柳科胡杨亚属植物，是新疆古老的珍奇树种之一，是新疆荒漠和沙地上唯一能天然成林的树种，主要分布在塔克拉玛干沙漠周围，以塔里木河、叶尔羌河和和田河两岸以及塔里木盆地南缘许多河流的下游最为集中，形成千里“绿色走廊”。由于它具有惊人的抗干旱、御风沙、耐盐碱的能力，因而被人们赞誉为“沙漠英雄树”。

在维吾尔语中，胡杨被称为托克拉克，意为『最美丽的树』。人们夸赞这些『沙漠英雄树』顽强的生命力是『三个一千年』，即活着一千年不死，死后一千年不倒，倒后一千年不烂。

珍贵树种

胡杨属落叶乔木，树干通直，树叶奇特，生长在幼树嫩枝上的叶片狭长如柳，大树老枝上的叶片却圆润如杨，叶子边缘还有很多缺口，又有点像枫叶，因此它又有“变叶杨”、“异叶杨”之称。胡杨能生长在高度盐渍化的土壤上，原因是胡杨的细胞透水性较一般植物强，它从主根、侧根、躯干、树皮到叶片都能吸收很多的盐分，当体内盐分积累过多时，它还能从树干的节疤和裂口处将多余的盐分自动排泄出去，形成白色或淡黄色的块状结晶，称“胡杨碱”，俗称“胡杨泪”。

胡杨全身是宝，它的木质坚硬，耐水抗腐，历千年而不朽，是上等建筑和家具用材，楼兰、尼雅等沙漠古城的胡杨建材至今保存完好；树叶富含蛋白质和盐类，乃是牲畜越冬的上好饲料；胡杨木的纤维长，又是造纸的好原料，枯枝则是上等的好燃料。

自然奇观

西双版纳热带雨林

西双版纳地处北回归线以南的热带北部边沿。它的热带雨林、南亚热带常绿阔叶林、珍稀动植物种群以及整个森林生态都是无价之宝，是世界上唯一保存完好、连片大面积的热带森林，具有全球绝无仅有的植物垂直分布“倒置”现象，被誉为地球的一大自然奇观。

西双版纳热带雨林中奇特的藤本植物

热带雨林的“绿色词典”

西双版纳是一座热带植物“基因库”，共有高等植物 5000 多种，其中，被称为“活化石”的孑遗植物 30 余种，稀有植物 135 种，当地特有植物 150 多种，是公认的热带雨林的“绿色词典”。

附生植物：附生植物是热带雨林中一个奇特美丽的景观。许多不同的树干和藤萝上挂满了形形色色、琳琅满目的小型植物，花季时一株树上繁花似锦、五彩缤纷，犹如一个空中花园。由于热带雨林生态环境优越，物种繁多，各种植物对生存空间的竞争异常激烈，很多小型植物为了获得足够的光线不得不向空间扩展。热带雨林内环境越潮湿，附生植物的种类和数量就越多。

板根：板根是热带雨林的特有现象。雨林中有着不少长板根的奇树，如望天树、高榕、厚皮榕、环纹榕、四薮木等。其中四薮木的板根具有数量多、延伸面大、板块宽等特点，有“板根大王”、“板根奇树”之称。四薮木是高大乔木，在内地极为罕见，但在西双版纳分布较广。四薮木不与望天树争高比直，只是一心一意在根部做文章，有的板根露出面积达 500 多平方米，比树冠面积还大。

独木成林：独木成林是榕树的拿手好戏，在众多的榕树中，有 20 多种善长气根。初长的气根细如麻线，飘飘忽忽，宛若拂尘。待树高枝旺，数不清的气根顺着横枝垂吊而长，越长越长。部分气根扎入泥土，立地成树。似根似树的气根群便组成了“独木成林”的景观。

藤本植物：热带雨林中有一种靠缠绕或攀援于其他树木支撑自己躯干的植物，叫藤本植物。在林下只见其藤茎不见其枝叶，其枝叶伸张到树冠之上，这是对光线的一种竞争形式。最突出的藤本有风车藤、扁担藤、东京大叶藤、翼核果藤等。

绞杀现象：绞杀植物大多是榕树，其果实被小鸟等动物带到寄主植物的枝丫或树皮裂缝上，这些种子便会萌芽、生根、成长。逐渐长大的树茎会把寄主树越包越紧，编织成花式各异的天然“花篮”。从亲密缠绵到恩将仇报，寄主树最终由于负荷过重和营养亏缺而枯死，而这些绞杀植物最终也变成独立大树，是植物界最典型的“慢性杀手”。

聪明伶俐的西双版纳小象

“回归沙漠带”上的绿洲

世界上与西双版纳同纬度的陆地，基本上被草原和荒漠所占据，形成了“回归沙漠带”，而西双版纳这片绿洲，犹如一颗璀璨的绿宝石，镶嵌在这条“回归沙漠带”上。

现实中的热带雨林比想象中的要复杂得多。天然原始状态的雨林不是随意能进去的，除了科考人员，几乎没有人进过雨林的腹地。森林中根本无路可走，危险处处存在，是一部尚未被人类完全读懂的“天书”。

林海浩瀚

大兴安岭兴安落叶松林

森林，是大兴安岭最雄厚的资本。大兴安岭是绿色的王国，在绵绵不尽的群山上，长满了刚劲挺拔的兴安落叶松、四季常青的樟子松、亭亭玉立的白桦、耸入云天的山杨、西伯利亚冷杉及黑桦、柞树等，多达上百种。在众多的树种中，兴安落叶松是大兴安岭林区占绝对优势的树种，是黑龙江省寒温带地区的地带性植被类型。

高寒禁区

大兴安岭林区纬度高，气温低，蒸发弱，湿度大，属寒温带湿润气候，日最低气温在0℃以下的寒冷期长达8个多月。极端最低温可达–45℃以下，全年最大积雪厚度在50厘米以上，只适宜耐寒树种的生长，是我国唯一的寒温带落叶针叶林（落叶松）分布区。

兴安落叶松是最喜光又最耐寒的树种之一，它对土壤和水分的要求很低，在土壤、水分条件都差，特别是在有多年冻土层分布的地方，也能生长得很好。它的另一特点是，一到冬季，针叶全部脱落，这在针叶树中极为少见。

动物乐园

这里动物资源较丰富，有栖息于北极圈及西伯利亚寒带类型的狼獾、貂熊等，还有鹿科动物和种类繁多的啮齿动物。

温情与丰美并存

祁连山草原

祁连是古匈奴语，意为天之山。祁连山是青藏高原东北部一个巨大的边缘山系，由几条平行排列的山岭和谷地组成。崇山峻岭，高凌霄汉，海拔4000米以上的山峰峰顶积雪终年不融。整个山系有冰川3306条，面积达2062平方千米，储水量达1320亿立方米，是河西走廊一带的主要水源。

温情与丰美并存的祁连山草原

草原广袤

祁连山草原就位于甘肃、青海两省交界处的祁连山区，东起乌鞘岭的松山，西到当金山口，北临河西走廊，南靠柴达木盆地，是我国西部典型的高山寒温型草原，分布在海拔2300~2700米左右的高山地带。草类类型主要以披针苔草、藓生马先蒿、聚花马先蒿、甘青针茅、阿尔泰针茅、羊茅、扁穗冰草、青海固沙草为主。草场有多种类型，适宜放牧绵羊、牦牛和马等。

黄金牧场

祁连山下有一片水草最为丰美的草原，那就是夏日塔拉。这里曾是匈奴王的牧地、回鹘人的牧地、元代蒙古王阔端汗的牧地。夏日塔拉是一片四季分明、风调雨顺的草原。

秀景如画

从河西走廊望去，祁连山横贯南面，像一列延绵不断的青色屏障。每年的7、8月份，远处的祁连山依旧银装素裹，而草原上却碧波万顷，牛羊成群，点缀其间，真的会让你感觉到返璞归真，如入梦境！

北国碧玉

呼伦贝尔草原

被誉为“绿色净土、北国碧玉”的呼伦贝尔草原，是世界上绝无仅有的未受污染的大草原。它东起大兴安岭西麓，西邻中蒙、中俄边境，北起额市和根河南界，南至中蒙边界，东西 300 千米，南北 200 千米，总面积约 10 万平方千米，天然草场面积占 80%，属草甸草原，是我国目前最佳的天然牧场之一。

美丽的呼伦贝尔草原风景

古老神奇的克鲁伦河

绿色生态

呼伦贝尔草原是我国目前原生植被保存最好的草原生态系统类型，也是我国北方最寒冷的草原地区。相对于其他温带草原区域，人为对呼伦贝尔草甸草原的开垦破坏小，草原利用管理方式相对合理与集约化，草地生态系统人为破坏和退化程度低。

呼伦贝尔草甸草原也是我国北方草原中景观生态类型和生物多样性最丰富的区域。这里拥有复杂多变的气候条件和复杂的地形条件。呼伦贝尔草原有维管束植物 1354 种，隶属 468 属、108 科。在大兴安岭岭东植被垂直分布明显，而岭西草原植被径向分布分明。

碧水悠悠

呼伦贝尔河流众多，共有大小河流 3000 多条，其中流域面积在1000 平方千米以上的有 46 条，除克鲁伦河发源于蒙古外，其他均发源于大兴安岭，流域面积 25.24 万平方千米，分属嫩江水系和额尔古纳河水系。

呼伦贝尔有湖泊 500 多个，最著名的有呼伦湖和中蒙界湖——贝尔湖，湖内有 30 多种鱼类生存，130 多种鸟类栖息，水生动植物丰富，湖畔水草丰美，堪称“草原明珠”。

世界五大草原之一

锡林郭勒草原

锡林郭勒草原位于内蒙古自治区锡林浩特市境内，总面积20.3万平方千米，其中可利用草场面积18万平方千米，属欧亚大陆草原区，有野生种子植物1248种，其中可饲用植物671种，优良牧草158种，是目前世界上温带草原中原生植被保存最完整、草地类型最多、饲用植物资源最丰富的天然草原。

多样的地貌景观

在地质构造上，锡林郭勒草原位于内蒙海西褶皱带的东南部。在古生代志留纪至泥盆纪，该区为一浅海，因而有大量的砂质、泥质与碳酸盐等物质的沉积。泥盆纪后期隆起成山，海水退出，进入陆相发育阶段。在石炭纪至三叠纪，隆起的山地一直处于剥蚀阶段，局部地区有火山喷发活动。至中生代的侏罗纪，气候湿润，森林繁茂。

锡林河把本区分成地貌类型明显不同的两大部分。

南部和西部为明显的三级玄武岩台地，而许多小型的火山锥散布其间，从而构成一幅玄武岩高原的景观；而北部和东部则是内蒙古构造剥蚀高平原的一部分，以低山丘陵与塔拉相间分布为特征，二者之间有一条东西走向风成固定沙带。地貌类型主要有六类：山丘与岗地；河谷；塔拉；熔岩台地；风成沙地；扇形地。

绿色的宝地

锡林郭勒自然保护区是目前我国最大的草原与草甸生态系统类型的自然保护区，在草原生物多样性的保护方面占有重要的位置。

保护区内分布的野生动物反映了内蒙古高原区系特点，哺乳动物有黄羊、狼、狐等33种，鸟类有76种。其中国家一级保护野生动物有丹顶鹤、白鹳、大鸨、玉带海雕等5种，国家二级保护野生动物有大天鹅、草原雕、黄羊等21种。

死亡之海 →

塔克拉玛干沙漠

塔克拉玛干沙漠，维吾尔语意为“进去出不来的地方”，人们通常称它为“死亡之海”。它位于南疆塔里木盆地中心，整个沙漠东西长约1000千米，南北宽约400千米，总面积33.76万平方千米，占全国沙漠面积的47.3%，是中国最大的沙漠，在世界上仅次于非洲撒哈拉大沙漠，为全世界第二大流动沙漠。

沙漠景观

在世界各大沙漠中，塔克拉玛干沙漠是最神秘、最具有诱惑力的一个。沙漠中心是典型大陆性气候，风沙强烈，温度变化大，全年降水少。这里风沙活动频繁，沙丘形态奇特，最高达250米。最奇妙的是两座红白分明的沙丘，名圣墓山，山顶经风蚀而形成“大蘑菇”。由于地壳的升降运动，红砂岩和白石膏构成的沉积岩露出地面，形成红白鲜明的景观。

沙漠四周，沿叶尔羌河、塔里木河、和田河和车尔臣河两岸，生长发育着密集的胡杨林和树柳灌木，形成“沙海绿岛”。特别是纵贯沙漠的和阗河两岸，生长芦苇、胡杨等多种沙生野草，构成沙漠中的“绿色走廊”。“走廊”内流水潺潺，绿洲相连。

神秘的沙海

由于地处欧亚大陆的中心，四面被高山环绕，塔克拉玛干沙漠充满了奇幻和神秘的色彩。变幻多样的沙漠形态，丰富而抗盐碱风沙的沙生植物植被，蒸发量高于降水量的干旱气候，以及尚存于沙漠中的湖泊，穿越沙海的绿洲，潜入沙漠的河流，生存于沙漠中的野生动物和飞禽昆虫等，特别是被深埋于沙海中的丝绸之路遗址、远古村落、地下石油及多种金属矿藏都被笼罩在神奇的迷雾之中，有待人们去探寻。

中国的第二大沙漠

古尔班通古特沙漠

古尔班通古特沙漠是中国第二大沙漠，介于玛纳斯河以东及乌伦古河以南地区，位于准噶尔盆地的中央，海拔 300~600 米，面积 4.88 万平方千米。由 4 片沙漠组成，西部为索布古尔布格莱沙漠，东部为霍景涅里辛沙漠，中部为德佐索腾艾里松沙漠，北部为阔布北—阿克库姆沙漠。

气候植被

准噶尔盆地属温带干旱荒漠，沙漠内植物种类高达百余种。沙漠的中、西部以中亚荒漠植被区系的种类较多，如白梭梭、苦艾蒿、白蒿、囊果苔草等；东部、南部边缘，亚洲中部植物区系种类较多，如梭梭、蛇麻黄、花棒等。古尔班通古特沙漠的梭梭分布面积达 1 万平方千米，在古湖积平原和河流下游三角洲上形成“荒漠丛林”。

风蚀地貌独特的乌尔禾“风城”

沙漠地貌

古尔班通古特沙漠中最有代表性的沙丘类型是沙垅，沙垅的平面形态为树枝状，其长度从数百米至十余千米，高度 10~50 米不等，南高北低。在沙漠的中、北部，沙垅的排列大致呈南北走向，沙漠东南部呈西北—东南走向。在沙漠的西南部分布着沙垅—蜂窝状沙丘，南部有少数高大的复合型沙垅。流动沙丘集中在沙漠东部，多属新月形沙丘和沙丘链。沙漠西部的风口附近，风蚀地貌极其明显，其中以乌尔禾的“风城”最著名。

沙海奇观

敦煌鸣沙山

鸣沙山位于敦煌城南约 5 千米处，东起莫高窟崖顶，西接党河水库，整个山体由细米粒状黄沙积聚而成。狂风起时，沙山会发出巨大的响声，轻风吹拂时，又似管弦丝竹，因而得名为鸣沙山。

鸣沙山雄踞沙海，平地而起，共有 5 座赭红色的沙丘，其中最大的一座垂直高度 600 米左右，呈西南—东北走向。

沙漠第一泉

月牙泉因水面酷似一弯新月而得名。

鸣沙山有两个奇特之处：人若从山顶下滑，脚下的沙子会呜呜作响；白天人们爬沙山留下的脚印，第二天会痕迹全无。

鸣沙山下不远处，有一泉，形同新月，周围黄沙浩浩，虎视狼眈，千百年来却不为其所灭，实在令人惊叹不已。但见泉水由沙底而出，清澈透明，饮之清凉甘洌，沁人肺腑。

月牙泉被鸣沙山环抱，长约 150 米，宽约 50 米，因水面酷似一弯新月而得名。月牙泉的源头是党河，依靠河水的不断补充，在四面黄沙的包围中，泉水竟也清澈明丽，且千年不涸，令人称奇。

世界沙都 →

腾格里沙漠

腾格里沙漠位于阿拉善左旗西南部和甘肃省中部边境，东抵贺兰山，南越长城，西至雅布赖山。腾格里为蒙古语，意思是像天一样浩渺无际。腾格里沙漠海拔 1400~1600 米，面积约 4.27 万平方千米，是中国第四大沙漠。

沙漠奇景

沙漠内部沙丘、湖盆、山地、平地交错分布。其中沙丘占 71%，多为新月形沙丘链，高 10~30 米，常向东南移动。湖盆占 7%，山地残丘及平地占 22%。在沙丘中，流动沙丘占 93%，其他为固定、半固定沙丘。高度一般为 10~20 米，主要为格状沙丘及格状沙丘链，新月形沙丘分布在边缘地区。高大复合型沙丘链则见于沙漠东北部，高度为 50~100 米。固定、半固定沙丘主要分布在沙漠的外围与湖盆的边缘，其上植物多为沙蒿和白刺。在流动沙丘上有沙蒿、沙竹、芦苇、沙拐枣、花棒、柽柳、霸王等，生长较巴丹吉林沙漠为好。

沙漠内大小湖盆多达 422 个，多为淡水湖，面积 1 ~ 100 平方千米。呈带状分布，水源主要来自周围山地潜水。湖盆内植被类型以沼泽、草甸及盐生等为主，是沙漠内部的主要牧场。

大漠孤烟

“大漠孤烟直，长河落日圆。”腾格里沙漠素以沙峰大、沙粒细、易流淌著称，被誉为“世界沙都”、“世界沙漠之祖”。晨观大漠日出、昏赏沙海夕阳、夜晚遥望银河是沙漠中独有的三大绝景，现为国家 AAAA 级旅游区，每年吸引着大批游客。

“沙漠之舟”相映成趣

自然保护区

自然保护区又称“自然禁伐禁猎区”、“自然保护地”等。是国家为保护自然环境和自然资源，对具有代表性的不同自然地带的环境和生态系统、珍贵稀有动物自然栖息地及其他历史遗迹和重要水源地筹划出界限加以特殊保护的自然地域，是进行自然保护教育、科研和宣传活动提供场所，并在指定的区域内开展旅游和生产活动而划定的特殊区域的总称。

自然保护区往往是一些珍贵、稀有的动植物种的集中分布区，候鸟繁殖、越冬或迁徙的停歇地，以及某些饲养动物和栽培植物野生近缘种的集中产地，具有典型性或特殊性的生态系统，也常是风光绮丽的天然风景区，具有特殊保护价值的地质剖面、化石产地或冰川遗迹、岩溶、瀑布、温泉、火山口以及陨石的所在地等。

无论保护区的类型如何，其总体要求是以保护为主，在不影响保护的前提下，把科学研究、教育、生产和旅游等活动有机地结合起来，使它的生态、社会和经济效益都得到充分展示。

生态"处女地"→

三江源自然保护区

青海三江源自然保护区位于我国的西部、青藏高原的腹地、青海省南部，为长江、黄河和澜沧江的源头汇水区。

历史上，三江源曾是水草丰美、湖泊星罗棋布、野生动物种群繁多的高原草原草甸区，被称为生态"处女地"。

水草丰美的生态"处女地"——三江源自然保护区

其东、东南部与甘肃省、四川省相邻，南部、西部与西藏自治区相接，北部分别与治多县的可可西里国家级自然保护区、海西蒙古族藏族自治州的格尔木市和都兰县交界，东北部与海南藏族自治州的共和县、贵南县、贵德县和黄南藏族自治州的同仁县接壤。总面积 15.23 万平方千米，约占青海省总面积的 21%。

三江源自然保护区面积按流域分为：黄河源区面积 4.05 万平方千米，占保护区面积的 26.6%；长江源区面积 9.4 万平方千米，占保护区面积的 61.7%；澜沧江源区面积 1.78 万平方千米，占保护区面积的 11.7%。

严峻的形势

近些年来，随着全球气候变暖，三江源地区气温升高，降水减少和蒸发增大，使气候呈现干旱化趋势。

冰川、雪山逐年萎缩，直接影响到高原湖泊和湿地的水源补给，众多的湖泊、湿地面积缩小甚至干涸，沼泽地消失，泥炭地干燥并裸露，沼泽地湿草甸植被向中旱生高原植被演变，生态环境十分脆弱。

人口的无节制增加和人类无限度的生产经营活动，又大大加速了该地区生态环境恶化的进度。特别是草地大规模的退化与沙化，导致草地载畜量减少，野生动物栖息环境质量减退，栖息地破碎化，生物多样性降低等。

更为重要的是，随着源区植被与湿地生态系统的破坏，水源涵养能力急剧减退，导致三江中下游广大地区旱涝灾害频繁、工农业生产受到严重制约，并已直接威胁到了长江、黄河流域乃至东南亚诸国的生态安全。

野生动物的乐园

三江源自然保护区内有兽类 8 目 20 科 85 种，鸟类 16 目 41 科 237 种（含亚种 263 种），两栖爬行类及鱼类 7 目 13 科 48 种。国家重点保护动物有 69 种，其中国家一级重点保护动物有藏羚羊、牦牛、雪豹等 16 种，国家二级重点保护动物有岩羊、藏原羚等 53 种。另外，还有省级保护动物艾虎、沙狐、斑头雁、赤麻鸭等 32 种。

岩羊为国家二级重点保护动物

青海三江源纯种藏獒养殖基地正是在这美丽辽阔的三江源头孕育而生的。獒园均为自然养殖技术，从而保留了藏獒天生凶猛忠厚的个性。

三江源野牦牛

三江源区有鸟类 237 种，占青海省鸟类的 77%，占全国鸟类的 19%。在 237 种鸟类的地理分布中，古北界有 178 种，占总数的 75%；东洋界 14 种，占 6%；广布种 45 种，占 19%。

两栖爬行类 15 种，占全国两栖爬行类的 2%。其中两栖类 7 种，占 47%；爬行类 8 种，占 53%。其中国家二级重点保护种类 1 种。

中国唯一的冰“森林”公园

海螺沟地质公园

四川海螺沟国家地质公园位于青藏高原东南缘，大雪山山脉中段的贡嘎山东坡，是青藏高原东缘的极高山地。东西长约 29.5 千米，南北宽约 17.9 千米，面积 350.3 平方千米。主峰贡嘎山海拔 7514 米，峰顶呈金字塔形状，为世界第十一高峰，被誉为“蜀山之王”和“天府第一峰”。

地质形成

在 5.4 亿年以前，贡嘎山地区是康滇古陆的一部分，久经侵蚀。在距今 5 亿 ~2.5 亿年之间，贡嘎山地区大部处在康滇古陆西侧的海域，在这一漫长时期中，形成了厚达 2 万多米的海相为主的海陆交互相地层（受构造运动的影响，期间曾多次隆起）。距今约 2.2 亿年前的印支运动，使整个川西大规模褶皱隆起，结束了海洋时期。

到距今 340 万 ~130 万年左右（上新世末期）为山地湖盆发育期，横断运动引发了青藏地区的大面积块状隆起，使统一平面解体，在贡嘎山东麓和以南的区域产生一系列断陷湖盆——昔格达湖。随着山地的隆升，湖盆不断沉降，堆积了厚达数百米的地层。

冰川进一步萎缩，发育过两次冰进，在现代冰川前端（海拔 2750 米），形成切割末次冰川冰碛物的厚 20~60 米的两道终碛堤。

这两次冰进的年代正好相当于中国 5000 年气候变化的第二和第三次冷期，称为新冰期。

世界奇观

贡嘎山海螺沟冰川是世界上纬度最低、位于亚洲大陆位置最东、海拔最低的山岳冰川之一。

尽管海螺沟冰川只有 1600 年的历史，但有现代冰川 71 条，冰川面积 298 平方千米。其中海螺沟一号冰川全长 14.7 千米，面积约 16 平方千米，是亚洲最大的冰川。

海螺沟大冰瀑布高1080米，宽1100米，是我国迄今为止发现的最高大、最壮观的冰川瀑布，被誉为世界奇观。

在贡嘎山的群峰之间，星罗棋布地散布着38处大大小小、五光十色的高山湖泊以及40多个温、沸泉眼，氤氲缭绕，恍若仙境。

海螺沟大冰瀑布和雪山交相辉映，极为壮观。

海螺沟冰川活动性最强，在冰川的运动中，形成晶莹如翡翠、水晶的冰川弧拱、冰洞、冰阶梯、冰门、冰湖、冰峰。

地质公园除现代冰川外，还有热矿泉群以及保存较完好的第四纪古冰川遗迹、完整的垂直自然带谱与多样性很强的高山生态系统的组合，众多形态各异的象形山石、类型众多的生物景观。冰川与热泉共存，寒冷与温暖相容，这一罕见奇观，令世界瞩目。

海螺沟内造型奇特的树到处都有：有生长在大石上的，有盘根大漂砾石中的，有几十种植物共生在一棵树上的。

海螺沟有“一沟有四季，十里不同天”的气候特征，冬暖夏凉，云雾多日照少，年降水量2000毫米。海螺沟四季可游，不受气候和景观条件的限制，是理想的旅游、度假、疗养、登山、科考、探险之地。

动植物王国

西双版纳自然保护区

西双版纳国家级自然保护区位于云南省西双版纳傣族自治州，面积2000多平方千米。保护区以中低山地地貌为主，最低海拔475米，生长着热带北缘雨林，物种资源十分丰富。全区低山连绵、河流纵横、四季常青。这片物华天宝的"热带明珠"是中国热带原始林保存最好的地区，1958年被列为国家级自然保护区，是国际"人与生物圈"自然保护区之一。

丰富的植被资源

西双版纳自然保护区属热带湿润气候，年均气温15.1～21.7℃，年降水量1193.7～2491.5毫米。按垂直带划分，海拔800米以下为热性气候，800～1400米为暖热性气候，1400～2000米为暖湿性气候。区内属澜沧江水系，支流纵横，主要支流有罗梭江、南腊河、流沙河、南览河等。

自然保护区植被有8个类型：

1.热带雨林，包括季节性雨林、山地雨林；

2.热带季雨林，包括常绿季雨林、落叶季雨林、石灰岩山季雨林；

3.亚热带常绿阔叶林，包括季风常绿阔叶林、苔藓常绿阔叶林；

4.落叶阔叶林；

5.暖温带针叶林；

6.竹林；

7.灌丛，包括河漫滩灌丛、山地灌丛；

8.草丛。

动植物的乐园

西双版纳保护区已鉴别的高等植物约有3890种，在100平方米的土地上，竟有乔木60多种。

植被丰富的西双版纳热带雨林

林木具有板状根、支柱根和气生根，藤本植物丰富，附生、寄生植物四处可见，老茎生花和绞杀植物占总数的 1／8，其中被列为国家重点保护的珍稀濒危植物有 58 种，占全国的 15%。经济植物种类繁多，已知药用植物有 800 多种，其他有特殊用途的龙血树、风吹楠、萝芙木等植物种类也很多。本区的特有植物有细蕊木莲等 30 种，还有栽培植物的原生种如野生稻、野黄瓜等。因此，该区在全国植物区系中占有特殊地位。

这里的动物具有热带特色，种类繁多。现有资料表明，区内有哺乳动物 102 种、鸟类 427 种、两栖类 38 种、爬行类 60 种、鱼类 100 种，其中被列为国家重点保护的野生动物达 109 种。

西双版纳自然保护区最令人神往的景区——野象谷

野象谷

野象谷位于自然保护区南缘，是西双版纳最令人神往的森林公园和观赏野象活动的景区。由于此地的河流分为三岔，故又名三岔河森林公园。

三岔河自然保护区以其特有的热带原始森林景观和数量较多的野生亚洲象（约 130 头）而著称于世。

公园所在地原来有一个野象经常出没饮水的象塘，自 20 世纪 80 年代末期开始，国家级自然保护区的下属有关单位就在象塘附近的河畔投放食盐，长期对野象进行引诱。成群的野象不时出现在河畔，到象塘饮水和舔食人工投放的食盐。因此，自 1991 年起，国家级自然保护区西双版纳自然保护局就在此处建成一个观象台和观察棚，对野象进行科学观察。

阿诗玛的故乡→

石林世界地质公园

以“天下第一奇观”著称的云南石林世界地质公园，在云南省路南彝族自治县境内，占地总面积400平方千米，主要地质遗迹类型为岩溶地质地貌，是以石林地貌景观为主的岩溶地质公园。石林形成于古生代，是发育典型的岩溶地貌，有石灰岩形成的石峰、石笋、石钟乳、溶蚀洼地、地下河流及溶洞等，群峰林立，千姿百态。

石林喀斯特博物馆

云南石林是目前唯一位于亚热带高原地区的石林，这里具有最为多样的石林喀斯特形态。世界各地最为典型的石林喀斯特形态在这里都可以找到，不仅有发育完美的剑状、刃脊状喀斯特形态，而且还有蘑菇状、塔状等形态，堪称“石林喀斯特博物馆”。低矮的石牙与高大的石柱广布于山岭、沟谷、洼地等各种地形，并且与喀斯特洞穴、湖泊、瀑布等共生，是研究区域地质演化和喀斯特作用的理想之地。

人文美景

彝族撒尼人已在石林地区居住了2000多年，他们的生活已与石林密不可分。悠扬的《阿诗玛》、欢快的《阿细跳月》、深情的《远方的客人请你留下来》，早已广为传唱。多彩的民族文化和浓厚的民族风情与奇特的石林地貌形成了天人合一的和谐美景，更增添了石林景观的吸引力。

神山圣水

九寨沟自然保护区

有“九寨沟一绝”和“九寨精华”之誉的五花海。同一水域，呈现出鹅黄、墨绿、深蓝、藏青等色，斑驳迷离，色彩缤纷。

九寨沟自然风景名胜区位于中国西部四川省阿坝县藏族羌族自治州南坪县，地处岷山山脉南段尕尔纳峰的北麓，是长江水系嘉陵江源头的一条支沟。全区面积约 720 平方千米，大部分为森林所覆盖。号称“人间仙境”的九寨沟历来被当地藏民视为“神山圣水”，沟内的山、水、林、石均是藏民崇拜和保护的对象。

九寨沟名字的由来

相传，主管草木万物之神“比央朵明热巴”有 9 个勇敢、聪明、美丽、善良的女儿。她们来到 10 座雪山上空，见蛇魔在水中投毒，人畜遭殃，便打败蛇魔，留下来与 9 个英俊的藏族小伙子结婚成家，一起重建家园。以后形成 9 个部落，分居 9 个寨，因此这里被后人称为“九寨沟”。

瑶池玉盆

九寨沟最有名的是水，以绿蓝色闻名于世，有“中华水景之王”之称。九寨沟的水，天生丽质，清澈如明镜，一年四季，一日之中都变幻无穷，让每一个游人惊叹。

九寨沟湖泊很多，当地人叫海子，据说大大小小的海子共有 108 个。最长的长海蜿蜒 8 千米，面积有 200 平方千米，长海的景色最为动人；最静的镜海，水平如镜，白云和树影倒映其中。这里湖水的透明度有的地方达 30 米，在别处是不可思议的，这是因为该处森林多，地层是石灰岩，含大量碳酸，对水起净化作用。九寨沟的一些小河里生长着大量的灌木丛。岸边的冷杉、白杨、桦、柏等树木粗根扎进河底，粉红色的须根漂浮水中，从高处看去，丛丛灌木，活像水中盆景。

世界最大的梅花鹿群居地

经中国梅花鹿专家研究发现：在四川省若尔盖县的铁布、巴西和九寨沟县的白河等地，发现野生梅花鹿 850 余只，这是世界上目前发现的最大的野生梅花鹿种群。

国内最大梅花鹿部落迁居九寨沟

梅花鹿产于东亚，中国是野生梅花鹿的主产国，过去梅花鹿曾广泛分布于东北、华北、华中、华南、西南和青藏高原东部，因生活环境的破坏和人们的过度捕猎，现在除吉林、黑龙江有 300 余只，安徽、浙江、江西约有 280 只，四川有 850 余只外，其余地方的野生梅花鹿已经灭绝。我国野生梅花鹿的总数量不足 1500 只，处境非常危险，濒临灭绝，国家为此将梅花鹿列为国家一级保护野生动物。

四川野生梅花鹿之所以躲过灭绝之灾而存活下来，是因为其栖息地为高原与高山峡谷的过渡地貌，山地温带气候，森林与灌木丛、草甸相互镶合的植被为四川野生梅花鹿提供了优越的生存环境。加之严禁猎杀，才使得这一珍贵野生梅花鹿种群能够幸存到今天。

世界地质遗迹宝库

张家界世界地质公园

张家界砂岩峰林地质公园位于湖南省张家界市，总占地面积3600平方千米，由张家界、索溪峪、天子山、杨家界4个主要风景区和黄龙洞等构成一个完整的生态系统，山、水、桥、洞、瀑地貌景观齐全，是一处难得的天然博物馆和罕见的旅游名胜地。

奇特多姿的地貌景观

园内地貌代表了地球上一种独特的地貌形态和自然地理特征。地质公园分布区内出露泥盆纪（距今4亿~3.5亿年）厚层石英砂岩，垂直节理发育，受后期地壳运动抬升，重力崩塌及雨水冲刷等内外地质动力作用的影响，形成了世界上极为罕见的砂岩峰林地貌，有重大科学价值。

公园以世界上独一无二的砂岩峰林地貌景观为核心、以岩溶地貌景观为衬托，兼有成型地质剖面、特殊化石产地等大量地质遗迹，构成独具特色的砂岩峰林地貌组合景观。

公园内另一富有特色的地貌是岩溶洞穴地貌。地貌形态有漏斗、洼地、溶丘、石芽、石林等。溶洞以黄龙洞为典型，洞内景观引人入胜，洞穴迷宫、卷曲状钟乳石、鹅管、歪斜钟乳石，以及色彩绚丽、晶莹剔透、形态各异、精妙绝伦的滴水石，如石钟乳、石幔、石帘、石花等，是世界上已发现的溶洞中石笋最集中、神态最逼真的地方之一。

历史遗迹

公园及其外围地区人类历史活动久远，古遗迹、古遗址分布广泛。一大批古庙、古建筑，充分展示了悠久的古代文化历史，加上当地深厚的少数民族风俗风情，令人流连忘返。

仙境般的张家界

华中屋脊

神农架自然保护区

神农架位于鄂西北，分别与湖北襄阳市、十堰市、宜昌市、恩施市、重庆市的万县地区接壤。

最高峰神农顶海拔 3000 多米，与三峡大坝坝址直线距离仅 100 多千米。最低处海拔 398 米，3000 米以上的山峰有 6 座，被誉为“华中屋脊”。

最为奇特的是海拔 3000 多米的神农顶，满山的高山草甸，成片的竹海，奇峰怪石，给人以原始洪荒的震撼。

地质结构

神农架是我国西南高山与华中丘陵的过渡地带，属于大巴山脉的延伸部分，地质结构为晚前寒武纪典型地带，气候属北亚热带向中亚地带的过渡气候区，许多从第三、第四纪冰川侵袭中幸存下来的动植物活化石在此繁衍。这里保存了较为完好的原生和次生生物群落，是研究生物物种多样性、典型性以及植被自然演替规律的理想场所。

神农架“野人”之谜

神农架野人，一个荒诞的传说？还是一个真真切切的类人社会？

“野人”是民间称谓，科学界称之为“未知的高等灵长目”，有可能是巨猿的一支。关于“野人”，我国已有 3000 多年的记载史，西周时期我国少数民族就有捉拿“野人”向周成王进贡的文献可考。近年来，中科院曾多次到神农架考察“野人”，发现了“野人”的毛发、粪便、脚印等珍贵资料。

据统计，神农架目击“野人”已达360多人次，不少人见到“野人”活动形迹，其形态为前额凸出、全身披毛、半直立行走、个体高大，和人类的形态差不多，毛色大多为红色、棕色、褐色。

但是，由于大部分人没有能见到真正的野人活体或影像，就连一张实拍照片也没有，所以又使野人增添了一份神秘感。

风光无限

神农架的气候以亚热带季风气候为基带，随海拔增高，依次迭现暖温带、中温带、寒潮带等多种气候类型，境内极端低温 -21℃，极端高温 38.5℃。每年 9 月底到次年 4 月为冰霜期，山内气候不稳定，经常出现东边日出西边雨的现象。有一首诗是这样描绘神农架的气候特征的：“山脚盛夏山岭春，山麓艳秋山顶冰。赤橙黄绿四时有，春夏秋冬最难分。”每年的 6~10 月为神农架旅游的最佳季节。

生灵庇护所

神农架自然保护区内的森林资源按其地理位置、生态条件可划分为 3 个不同垂直森林植物带：海拔 800~1500 米之间为亚热带常绿阔叶林混交林带，海拔 1500~2600 米之间为暖温带落叶、阔叶、针叶林带，海拔 2600 米以上的为寒温带常绿针叶林带。

保护区内现已知的高等维管束植物 2419 种，属国家重点保护的有珙桐、水青树、银杏、延龄草、双质木等，共 34 种。

现已知保护区内有陆生脊椎动物 336 种，鸟类 200 余种，两栖爬行动物 30 余种，昆虫 27 目，约占全国昆虫种类的 81.8%。

区内生存的国家重点保护野生珍稀动物有金丝猴、金钱豹、华南虎、金雕、大鲵、拉步甲等 40 种，其中金丝猴是与大熊猫齐名的我国特有珍稀物种，主要分布在保护区内海拔 1000~2800 米之间，纵跨 3 个垂直植被带的针叶林和阔叶林、混交林之中。尤其是海拔 2600 米以上生长的箭竹林和点缀其间的高山杜鹃，更是卓然不凡。近年在保护区内还发现白熊、白麂、白猴、白蛇等白化型动物，这个白色家族引起了中外科学家的高度重视。

中国“红石”公园

丹霞山世界地质公园

丹霞山地质公园位于广东省韶关市东北的仁化、曲江两县交界地带，总面积 290 平方千米。世界上由红色陆相沙砾岩构成的以赤壁丹崖为特色的一类地貌均被称为丹霞地貌，丹霞山便是这一类特殊地貌的命名地。

岩骨丹色

丹霞山许多悬崖峭壁像刀削斧斫，直指苍天，无数奇岩美洞，隐藏于山中，景色相当绮丽。丹霞山的岩石含有钙质、氢氧化铁和少量石膏，呈红色，是砂岩地形的代表，地质学称为“丹霞地形”。

地貌成因

丹霞盆地孕育于晚古生代，形成和发展于中生代，被改造于新生代，其地质历史包含了从地槽—地台—地台活化（地洼）等 3 个阶段的完整旋回。构成丹霞地貌的物质基础是形成于距今 9000 万 ~7000 万年间的晚白垩世的红色河湖相沙砾岩。在大约 6500 万年前，本区受构造运动的影响，产生许多断层和节理，同时也使整个丹霞盆地变为剥蚀地区。在距今约 2300 万年开始的喜马拉雅造山运动使得本区迅速抬升。在漫长的岁月中，间歇性的抬升作用使得本区的地貌发生了翻天覆地的变化，地质作用将本地区塑造得秀丽多姿。

绿色明珠 →

天目山自然保护区

天目山国家级自然保护区位于浙江省临安县境内，山体由东、西两山组成，东边的叫东天目山，同名主峰海拔 1479 米；西边的称西天目山，同名主峰海拔 1507 米，最高点清凉峰海拔 1787 米。1980 年被批准为国家级自然保护区，并被纳入世界自然保护区网。

天目山地质古老，地貌独特。

江南奇山

天目山地质古老，山体形成于 1.5 亿年前的燕山期，是江南古陆的一部分。地貌独特，地形复杂，被称为“华东地区古冰川遗址之典型”；峭壁突兀，怪石林立，峡谷众多，雄壮幽美，堪称“江南奇山”；特殊的地形和悠久的佛教文化促进了该区域动植物的遗存和植被的完整保护，成为世界的一大奇迹，是我国中亚热带林区高等植物资源最丰富的区域之一。

“六绝森林”景观

天目山地处东南沿海丘陵区的北缘，气候属亚热带季风性湿润型，四季变化明显。因此，植物区系古老，成分复杂，种类繁多，生长旺盛，形成了江南独特的高大茂密森林。由多种植物组成的繁茂融洽的植物世界是世界罕有的“物种基因库”，素有“天然植物园”的美称。

在自然保护区内，森林覆盖率达 99%。

天目山自然保护区保存着长江中下游典型的森林植被类型，其森林景观以“古、大、高、稀、多、美”冠于全球。

“古”：在这里，古杉、古松、古银杏、古丹枫和其他原生古树比比皆是，树龄在千年以上的有540多株，500年以上的有820多株。

天目山保存有中生代孑遗植物野生银杏，被誉为“活化石”。该物种全球仅在天目山有天然的野生状态林。山中有古老的野银杏244株，开山老殿下方有组“五世同堂”的古银杏，根生悬崖，盘绕峭壁，凌架半空，宛如一条条跃跃欲飞的苍龙，萌生的22株子孙树依偎在一起，称得上是国之瑰宝。

国家级珍稀保护动物中华虎凤蝶

“大”：天目山自然保护区现有需三人以上合抱的大树400余株，享有“大树王国”之美誉。

“高”：天目山金钱松的高度居国内同类树之冠，最高者已达60多米，被称为“冲天树”。

“稀”：天目山有许多特有树种，以“天目”命名的动植物有85种。其中天目铁木，全球仅天目山遗存5株，被称为“地球独生子”。此外，香果树、领春木、连香树、银鹊树等均为珍稀濒危植物。

“多”：自然保护区内国家珍稀濒危植物有35种，有种子植物1718种，蕨类植物151种，苔藓类植物291种。

茂密的植被庇护了云豹、黑麂、白颈长尾雉、中华虎凤蝶等37种国家级珍稀保护动物。保护区内有兽类74种，鸟类148种，爬行类44种，两栖类20种，鱼类55种，昆虫已汇编名录者达2000余种。

“美”：林林总总的各色植物，构成一幅蔚为壮观的森林画幅，千树万枝，重峦迭峰，四季如画。